Lecture Notes in Economics and Mathematical Systems

(Vol. 1–15: Lecture Notes in Operations Research and Mathematical Economics, Vol. 16–59: Lecture Notes in Operations Research and Mathematical Systems)

Vol. 1: H. Bühlmann, H. Loeffel, E. Nievergelt, Einführung in die Theorie und Praxis der Entscheidung bei Unsicherheit. 2. Auflage, IV, 125 Seiten. 1969.

Vol. 2: U. N. Bhat, A Study of the Queueing Systems M/G/1 and GI/M/1. VIII, 78 pages. 1968.

Vol. 3: A. Strauss, An Introduction to Optimal Control Theory. Out of print

Vol. 4: Branch and Bound: Eine Einführung. 2., geänderte Auflage. Herausgegeben von F. Weinberg. VII, 174 Seiten. 1973.

Vol. 5: L. P. Hyvärinen, Information Theory for Systems Engineers. VII, 205 pages. 1968.

Vol. 6: H. P. Künzi, O. Müller, E. Nievergelt, Einführungskursus in die dynamische Programmierung. IV, 103 Seiten. 1968.

Vol. 7: W. Popp, Einführung in die Theorie der Lagerhaltung. VI, 173 Seiten. 1968.

Vol. 8: J. Teghem, J. Loris-Teghem, J. P. Lambotte, Modèles d'Attente M/G/1 et GI/M/1 à Arrivées et Services en Groupes. III, 53 pages. 1969.

Vol. 9: E. Schultze, Einführung in die mathematischen Grundlagen der Informationstheorie. VI, 116 Seiten. 1969.

Vol. 10: D. Hochstädter, Stochastische Lagerhaltungsmodelle. VI, 269 Seiten. 1969.

Vol. 11/12: Mathematical Systems Theory and Economics. Edited by H. W. Kuhn and G. P. Szegö. VIII, III, 486 pages. 1969.

Vol. 13: Heuristische Planungsmethoden. Herausgegeben von F. Weinberg und C. A. Zehnder. II, 93 Seiten. 1969.

Vol. 14: Computing Methods in Optimization Problems. V, 191 pages. 1969.

Vol. 15: Economic Models, Estimation and Risk Programming: Essays in Honor of Gerhard Tintner. Edited by K. A. Fox, G. V. L. Narasimham and J. K. Sengupta. VIII, 461 pages. 1969.

Vol. 16: H. P. Künzi und W. Oettli, Nichtlineare Optimierung: Neuere Verfahren, Bibliographie. IV, 180 Seiten. 1969.

Vol. 17: H. Bauer und K. Neumann, Berechnung optimaler Steuerungen, Maximumprinzip und dynamische Optimierung. VIII, 188 Seiten. 1969.

Vol. 18: M. Wolff, Optimale Instandhaltungspolitiken in einfachen Systemen. V, 143 Seiten. 1970.

Vol. 19: L. P. Hyvärinen, Mathematical Modeling for Industrial Processes. VI, 122 pages. 1970.

Vol. 20: G. Uebe, Optimale Fahrpläne. IX, 161 Seiten. 1970.

Vol. 21: Th. M. Liebling, Graphentheorie in Planungs- und Tourenproblemen am Beispiel des städtischen Straßendienstes. IX, 118 Seiten. 1970.

Vol. 22: W. Eichhorn, Theorie der homogenen Produktionsfunktion. VIII, 119 Seiten. 1970.

Vol. 23: A. Ghosal, Some Aspects of Queueing and Storage Systems. IV, 93 pages. 1970

Vol. 24: G. Feichtinger, Lernprozesse in stochastischen Automaten. V, 66 Seiten. 1970.

Vol. 25: R. Henn und O. Opitz, Konsum- und Produktionstheorie I. II, 124 Seiten. 1970.

Vol. 26: D. Hochstädter und G. Uebe, Ökonometrische Methoden. XII, 250 Seiten. 1970.

Vol. 27: I. H. Mufti, Computational Methods in Optimal Control Problems. IV, 45 pages. 1970.

Vol. 28: Theoretical Approaches to Non-Numerical Problem Solving. Edited by R. B. Banerji and M. D. Mesarovic. VI, 466 pages. 1970.

Vol. 29: S. E. Elmaghraby, Some Network Models in Management Science. III, 176 pages. 1970.

Vol. 30: H. Noltemeier, Sensitivitätsanalyse bei diskreten linearen Optimierungsproblemen. VI, 102 Seiten. 1970.

Vol. 31: M. Kühlmeyer, Die nichtzentrale t-Verteilung. II, 106 Seiten. 1970.

Vol. 32: F. Bartholomes und G. Hotz, Homomorphismen und Reduktionen linearer Sprachen. XII, 143 Seiten. 1970. DM 18,–

Vol. 33: K. Hinderer, Foundations of Non-stationary Dynamic Programming with Discrete Time Parameter. VI, 160 pages. 1970.

Vol. 34: H. Störmer, Semi-Markoff-Prozesse mit endlich vielen Zuständen. Theorie und Anwendungen. VII, 128 Seiten. 1970.

Vol. 35: F. Ferschl, Markovketten. VI, 168 Seiten. 1970.

Vol. 36: M. J. P. Magill, On a General Economic Theory of Motion. VI, 95 pages. 1970.

Vol. 37: H. Müller-Merbach, On Round-Off Errors in Linear Programming. V, 48 pages. 1970.

Vol. 38: Statistische Methoden I. Herausgegeben von E. Walter. VIII, 338 Seiten. 1970.

Vol. 39: Statistische Methoden II. Herausgegeben von E. Walter. IV, 157 Seiten. 1970.

Vol. 40: H. Drygas, The Coordinate-Free Approach to Gauss-Markov Estimation. VIII, 113 pages. 1970.

Vol. 41: U. Ueing, Zwei Lösungsmethoden für nichtkonvexe Programmierungsprobleme. IV, 92 Seiten. 1971.

Vol. 42: A. V. Balakrishnan, Introduction to Optimization Theory in a Hilbert Space. IV, 153 pages. 1971.

Vol. 43: J. A. Morales, Bayesian Full Information Structural Analysis. VI, 154 pages. 1971.

Vol. 44: G. Feichtinger, Stochastische Modelle demographischer Prozesse. IX, 404 Seiten. 1971.

Vol. 45: K. Wendler, Hauptaustauschschritte (Principal Pivoting). II, 64 Seiten. 1971.

Vol. 46: C. Boucher, Leçons sur la théorie des automates mathématiques. VIII, 193 pages. 1971.

Vol. 47: H. A. Nour Eldin, Optimierung linearer Regelsysteme mit quadratischer Zielfunktion. VIII, 163 Seiten. 1971.

Vol. 48: M. Constam, FORTRAN für Anfänger. 2. Auflage. VI, 148 Seiten. 1973.

Vol. 49: Ch. Schneeweiß, Regelungstechnische stochastische Optimierungsverfahren. XI, 254 Seiten. 1971.

Vol. 50: Unternehmensforschung Heute – Übersichtsvorträge der Züricher Tagung von SVOR und DGU, September 1970. Herausgegeben von M. Beckmann. IV, 133 Seiten. 1971.

Vol. 51: Digitale Simulation. Herausgegeben von K. Bauknecht und W. Nef. IV, 207 Seiten. 1971.

Vol. 52: Invariant Imbedding. Proceedings 1970. Edited by R. E. Bellman and E. D. Denman. IV, 148 pages. 1971.

Vol. 53: J. Rosenmüller, Kooperative Spiele und Märkte. III, 152 Seiten. 1971.

Vol. 54: C. C. von Weizsäcker, Steady State Capital Theory. III, 102 pages. 1971.

Vol. 55: P. A. V. B. Swamy, Statistical Inference in Random Coefficient Regression Models. VIII, 209 pages. 1971.

Vol. 56: Mohamed A. El-Hodiri, Constrained Extrema. Introduction to the Differentiable Case with Economic Applications. III, 130 pages. 1971.

Vol. 57: E. Freund, Zeitvariable Mehrgrößensysteme. VIII,160 Seiten. 1971.

Vol. 58: P. B. Hagelschuer, Theorie der linearen Dekomposition. VII, 191 Seiten. 1971.

continuation on page 147

Lecture Notes
in Economics and
Mathematical Systems
Managing Editors: M. Beckmann and H. P. Künzi

Mathematical Economics

129

Hans-Jakob Lüthi

Komplementaritäts- und Fixpunktalgorithmen in der mathematischen Programmierung, Spieltheorie und Ökonomie

Springer-Verlag Berlin
Heidelberg GmbH 1976

Author
Hans-Jakob Lüthi
ETH Zürich
Institut für Operations Research
Clausiusstraße 55
8006 Zürich/Schweiz

Library of Congress Cataloging in Publication Data

Lüthi, Hans-Jakob, 1946-
Komplementaritäts- und Fixpunktalgorithmen in der mathematischen Programmierung.

(Mathematical economics) (Lecture notes in economics and mathematical systems ; 129)
Bibliography: p.
Includes index.
1. Programming (Mathematics). 2. Game theory. 3. Fixed point theorems (Topology). I. Title. II. Series. III. Series: Lecture notes in economics and mathematical systems ; 129.
HB143.L83 519.7 76-18305

AMS Subject Classifications (1970): 47H10, 54H25, 90A99

ISBN 978-3-540-07790-9 ISBN 978-3-642-48184-0 (eBook)
DOI 10.1007/978-3-642-48184-0

Dankadresse

Diese Arbeit wäre nicht zustande gekommen ohne die grosszügige Unterstützung meines Lehrers Prof. F. Weinberg, Direktor des Instituts für Operations Research der Eidgenössischen Technischen Hochschule Zürich. Er ermöglichte mir den entscheidenden Forschungsaufenthalt bei Prof. C. E. Lemke, welcher mich in das faszinierende Gebiet der Komplementarität einführte. Ihnen beiden bin ich zu grossem Dank verpflichtet. Durch den Kontakt mit den Professoren R. Saigal, R. W. Cottle und J. T. Marti konnte ich meine Kenntnisse vertiefen und viele Anregungen erhalten. Die sorgfältige Durchsicht des Manuskripts übernahmen die Herren Prof. M. Rössler und dipl. Math. P. Reiser. Von ihnen durfte ich viele wertvolle Vorschläge zu Verbesserungen erhalten. Alle diese Leute haben zum Gelingen dieser Arbeit beigetragen und ich möchte ihnen herzlich danken. Die sorgfältige Niederschrift dieser Arbeit übernahm Frau M. Daniel. Ihr sei an dieser Stelle für die liebevolle Mitarbeit besonders gedankt.

Zürich, im Januar 1976

VORWORT

In den letzten Jahren ist mit der Schaffung von Komplementaritäts- und Fixpunktalgorithmen ein recht eigentlicher Durchbruch geglückt, der sowohl in theoretischer Hinsicht überzeugt als auch vom praktischen Standpunkt aus zu grossen Hoffnungen berechtigt. Theoretisch gesehen ist die Optimierungsthematik in einen viel breiteren als den ursprünglichen Rahmen gestellt worden und hat ihre Zusammenhänge mit tiefliegenden mathematischen Erkenntnissen, die auf die Anfänge dieses Jahrhunderts zurückgehen, gefunden. Von praktischer Seite her eröffnen sich in ihrem Konzept gleichartige Behandlungsmethoden für sehr unterschiedliche Aufgabenstellungen aus voneinander weit entfernten Anwendungsgebieten und die Aussicht auf Entwicklung neuer Verfahren für bisher ungelöste Probleme.

Herr Dr. H.-J. Lüthi hat die Wendung, welche die Dinge nahmen, in einem frühen Zeitpunkt klar erkannt. Er hat einen Studienaufenthalt in den Vereinigten Staaten vor einigen Jahren dazu benützt, um in die Entwicklung von erster Hand eingeführt zu werden und sich alsbald selber daran zu beteiligen. Schon seine anschliessende Dissertation betreffend einen Algorithmus zur Approximation von Lösungen des nichtlinearen Komplementaritätsproblems brachte einen neuen Beitrag auf diesem Gebiet. Im vorliegenden Werk stösst er nun mit neuen Ideen weiter vor: die Abschnitte I. 9, I. 11, I. 12 und I. 16 sind in Form und teilweile Inhalt seine eigene Schöpfung.

Mit dem Buche von Herrn Dr. Lüthi verfügen wir über eine umfassende, zielgerichtete und den heutigen Stand der Wissenschaft ausschöpfende Darstellung der Komplementaritäts- und Fixpunktalgorithmen in deutscher Sprache, wofür wir ihm in doppelter Hinsicht dankbar sein können. Der Weg, den er uns führt, ist kein ausgesprochener Spaziergang; es ist ein Weg ohne Verschnaufpausen, so möchte man sagen, aber mit ständigen interessanten Perspektiven und Details unter überlegener Führung. Dem Werke, das im Gegensatz zu zahlreichen Buchveröffentlichungen der letzten Jahre auf diesem Gebiete wieder einmal wesentlich Neues bringt, sei die verdiente gute Aufnahme in der Leserschaft gewünscht.

Dr. F. Weinberg
Professor für Operations Research
an der Eidg. Technischen Hochschule Zürich

INHALTSVERZEICHNIS

0. Einleitung

Innerhalb der mathematischen Optimierung kann seit jüngerer Zeit eine anwachsende Zahl von Veröffentlichungen auf dem Gebiete der sogenannten komplementären Pivottheorie beobachtet werden. Die Absicht dieser Lecture Notes ist es, dem Leser einen Einstieg in das schnell wachsende Gebiet zu vermitteln, gleichzeitig die wichtigsten Ergebnisse in einheitlicher Form zusammenzufassen und nicht zuletzt zur Anwendung dieser Methoden in der Praxis oder Theorie anzuregen.

Im Jahre 1964 entwickelte C. E. Lemke ein Pivotverfahren zur Lösung allgemeiner Zweimatrizen-Spiele. Die diesem Verfahren zugrunde liegenden Ideen beruhen wesentlich auf der von Dantzig entwickelten Pivottheorie. Doch zum Konvergenzbeweis seines Algorithmus benützte Lemke keine Monotonieeigenschaft, sondern ein rein kombinatorisches Argument. Bald wurde erkannt, dass dieses komplementäre Pivotverfahren eine viel umfassendere Klasse von Problemen löst, quadratische Optimierungsaufgaben und ökonomische Gleichgewichtsprobleme einschliessend. Alle diese Aufgaben besitzen eine einheitliche Formulierung als lineare Komplementaritätsprobleme. Der Analyse und den Lösungsmethoden dieses Problems sind die ersten 8 Kapitel (I. 1 - I. 8) gewidmet. Der Lemke-Algorithmus, welcher zur Lösung linearer Komplementaritätsprobleme zu den stärksten Verfahren gehört, ist ausführlich dargestellt. Diese äusserst einfache Methode kann beispielsweise zur effizienten Lösung quadratischer Optimierungsprobleme benützt werden und ist in vielen Aspekten den bekannteren Verfahren von Beale und Wolfe überlegen.

Die Untersuchung nichtlinearer Probleme begann 1966 durch R. W. Cottle. Doch erst 1973 wurden effiziente Algorithmen zur Lösung dieser Aufgaben entwickelt. Das dabei verwendete Lösungskonzept der simplizialen Approximation geht auf eine Entdeckung von H. Scarf zurück. In den Kapiteln I. 9 - I. 16 wird diese neue Methode dargestellt. Sie beruht auf der Triangulation einer Menge, d. h. dem Ausschöpfen einer Menge mit relativ disjunkten Simplexen. Der Algorithmus erzeugt eine Folge verschiedener Simplexe der Triangulation derart, dass das letzte erzeugte Simplex eine approximative Lösung zum Komplementaritätsproblem enthält. Anwendungen zu diesem Verfahren finden sich ebenfalls in der mathematischen Optimierung, Spieltheorie und Oekonomie. In der angewandten Mathematik kann diese Methode zur Lösung nichtlinearer Gleichungssysteme benützt werden.

1967 fand H. Scarf eine kluge Anwendung des Verfahrens von Lemke. Er bemerkte, dass die simpliziale Zerlegung einer Menge eine dem Pivotieren analoge Operation erlaubt. Auf Grund dieser Beobachtung entwickelte Scarf einen Algorithmus zur

Bestimmung von Fixpunkten einer stetigen Abbildung einer konvexen Menge in sich. Wiederum stütze sich der Konvergenzbeweis auf das von Lemke benützte kombinatorische Argument. Dieses Vorgehen, welches im wesentlichen auf einem konstruktiven Beweis des Sperner-Lemmas beruht, ist in den ersten Kapiteln des II. Teiles beschrieben. Brouwer's Fixpunktsatz wurde bekanntlich von Kakutani auf konvexe, obenhalbstetige Korrespondenzen erweitert. Ein auf diese Erweiterung sich stützendes Verfahren zur Bestimmung von Fixpunkten gewisser Korrespondenzen ist im Teil II. 4 dargestellt. Für die Praxis von Bedeutung sind die Anwendungsmöglichkeiten der Fixpunktalgorithmen in der mathematischen Optimierung, Oekonomie und Spieltheorie, welche im Kapitel II. 5 ausführlich behandelt werden. Besondere Beachtung verdienen diese Algorithmen zur Lösung konvexer, nichtdifferenzierbarer Optimierungsprobleme: Zu einer approximativen zulässigen Lösung lässt sich eine scharfe explizite Schranke für die Güte der Approximation angeben.

Diese Fixpunktverfahren inspirierten in grossem Masse jene Wissenschafter, welche die Algorithmen zur Lösung allgemeiner Komplementaritätsprobleme, die, wie sich zeigen sollte, eng mit Fixpunktaufgaben verknüpft sind, entwickelten. Die Gliederung des Buches in einen Komplementaritäts- und einen Fixpunktteil ist trotzdem nicht willkürlich. Neben vielen Verknüpfungspunkten sind die beiden Gebiete in ihren geometrischen Interpretationen verschieden. Da in diesem Buch gerade auch diese teilweise intuitive Darstellung betont wird, erschien eine Aufteilung sinnvoll. Auf Verknüpfungen wird aber öfters hingewiesen werden.

Abschliessend seien noch einige Hinweise auf die Notation und Numerierung gegeben. Das Buch ist, wie bereits erwähnt, in zwei Teile (I und II) gegliedert. Teil I enthält 16, Teil II 6 Abschnitte. Sätze innerhalb eines Abschnitts sind durchnumeriert; beispielsweise bezeichnet Satz I. 10. 3 den 3. Satz im Abschnitt 10 des Teils I. Die Formeln sind im Teil I und Teil II unabhängig durchnumeriert. Die verwendete Notation wird fortlaufend eingeführt.

I. TEIL: KOMPLEMENTARITAET

I.1 Das Komplementaritätsproblem

Es sei f eine Abbildung des n-dimensionalen euklidischen Raumes R^n in sich. Unter einem Komplementaritätsproblem $[f|R^n_+]$ versteht man das Problem, ein $z \in R^n$ zu finden, welches

(1a) $$f(z) \geq 0, \quad z \geq 0 \quad \text{(komponentenweise)}$$

(1b) $$f(z) \cdot z = 0$$

erfüllt.

Mit $\cdot$ wird dabei das gewöhnliche Skalarprodukt in R^n bezeichnet.

Die Elemente der Menge $\{z \in R^n | f(z) \geq 0, \ z \geq 0\}$, d.h. jene z, die (1a) erfüllen, nennt man zulässige Lösungen von $[f|R^n_+]$; genügt eine zulässige Lösung ebenfalls der Beziehung (1b), so wird sie als komplementäre Lösung bezeichnet.

Komplementaritätsprobleme treten unter anderem in der mathematischen Programmierung, in der Spieltheorie und Oekonomie auf. In den Kapiteln I.6 und I.14 werden wichtige Anwendungen aus diesen Gebieten beschrieben. Eine der wichtigsten Auswirkungen der Methodik der Komplementarität war die erstmalige Entwicklung numerischer Verfahren zur Bestimmung von Gleichgewichtspunkten ökonomischer Systeme und Fixpunkte gewisser Abbildungen. Diesen Algorithmen ist der Teil II des Buches gewidmet.

Falls f eine affine Abbildung, also von der Form

(2) $$f(z) = q + Mz \qquad q \in R^n, \quad M \in R^{n \times n}$$

ist, so ist $[f|R^n_+]$ ein lineares Komplementaritätsproblem und wird mit $(q|M)$ bezeichnet.

Ist f nicht affin, so nennt man $[f|R^n_+]$ ein nichtlineares Komplementaritätsproblem.

Aequivalent zu (1a) (1b) ist die Darstellung

(3a) $y = f(x)$

(3b) $x \geq 0, \quad y \geq 0$

(3c) $x \cdot y = 0$

Aus (3) schliesst man für die Komponenten von x und y $x_i y_i = 0$ für $i = 1, \dots, n$. Die Variablen x_i, y_i heissen sich entsprechende Komplemente oder auch komplementäre Variable.

Es sei ein Gleichungssystem der Form (3a): $y = f(x)$ betrachtet. Eine Lösung (x,y) dieses Systems heisst nichtdegeneriert, falls höchstens n der 2n Variablen $x_1, \dots, x_n, y_1, \dots, y_n$ den Wert 0 haben. Das Gleichungssystem heisst nichtdegeneriert, falls alle Lösungen nichtdegeneriert sind. *)

$[f | R^n_+]$ heisst nichtdegeneriert, falls das Gleichungssystem (3a) nichtdegeneriert ist.

Jede nichtdegenerierte Lösung (x,y) zu $[f | R^n_+]$ impliziert eine disjunkte Zerlegung der Menge $I = \{1, \dots, n\}$; betrachtet man nämlich die Indexmengen

$$X := \{i \in I \mid x_i > 0\}$$

$$Y := \{i \in I \mid y_i > 0\}$$

so gilt $X \cup Y = \{1, \dots, n\}$ und $X \cap Y = \emptyset$. Daraus lässt sich schliessen, dass es, um ein nichtdegeneriertes $[f | R^n_+]$ zu lösen, genügt, höchstens 2^n Gleichungssysteme mit n Unbekannten zu untersuchen. Für den linearen Fall ist damit gezeigt, dass das Aufsuchen einer Lösung ein endliches, auf kombinatorischen Ueberlegungen beruhendes Verfahren sein kann.

Tatsächlich beruht das im Kapitel I. 4 beschriebene Verfahren zur Lösung von $(q | M)$ auf einer kombinatorischen Bestimmung der beiden disjunkten Mengen X, Y.

---

*) Ein Gleichungssystem $y = f(x)$ mit m Gleichungen in $n+m$ Variablen $(x_1, \dots, x_n, y_1, \dots y_m)$ heisst nichtdegeneriert, falls in jeder Lösung (x, y) höchstens n Variable den Wert 0 haben.

I.2 Ein elementares Lemma aus der Graphentheorie

In diesem Abschnitt wird ein bekanntes Lemma bewiesen, welches grundlegend ist für die Konvergenzbeweise aller in der Folge beschriebenen Algorithmen. Es bildet die zentrale Verbindung zwischen dem ersten und zweiten Teil.

Zuerst seien einige Definitionen aus der Theorie der Graphen eingeführt:

- Ein Graph $G(N, E)$ wird durch zwei Mengen N und E beschrieben, welche die folgenden Bedingungen erfüllen:

  (i) N ist eine nichtleere Menge von abzählbar vielen Elementen. Die Elemente ω aus N heissen Knoten.

  (ii) Die Menge E besteht aus Paaren $\{\omega, \omega'\}$ von Knoten mit $\omega \neq \omega'$. Die Elemente $(\omega, \omega') \in E$ heissen Kanten von G.

- G heisst ein endlicher Graph, falls die Anzahl Elemente von N ($|N|$) endlich ist.

- Die beiden Knoten $\omega, \omega' \in N$ heissen benachbart, falls $(\omega, \omega') \in E$.

- Der Grad eines Knotens $\omega \in N$, bezeichnet mit $\deg(\omega)$, ist die Anzahl der Knoten, welche zu ω benachbart sind.

- Ein Weg von $\omega_0 \in N$ zu $\omega^* \in N$ ist eine Folge verschiedener Knoten $\{\omega_0, \omega_1, \ldots, \omega_n = \omega^*\}$ derart, dass $(\omega_k, \omega_{k+1}) \in E$ für $k = 0, \ldots, n-1$.

Lemma I.2.1

Es sei $G(N, E)$ ein endlicher Graph mit folgenden zwei Eigenschaften

(i) $\deg(\omega) \leq 2$ für alle $\omega \in N$

(ii) Es gibt ein $\omega_0 \in N$ mit $\deg(\omega_0) = 1$.

Dann existiert ein Knoten $\omega^* \in N$ mit $\deg(\omega^*) = 1$, welcher mit ω_0 über einen eindeutig bestimmten Weg verbunden ist.

Beweis

Ausgehend von ω_0 wird ein eindeutiger Weg durch das folgende iterative Vorgehen bestimmt:

(i) Setze $\omega_1 = \omega_0$ und $p = 1$.

(ii) Falls zu ω_p ein benachbarter Knoten ω existiert mit $\omega \neq \omega_{p-1}$, dann setze $\omega_{p+1} = \omega$; sonst gehe zu (iv).

(iii) Erhöhe den Wert von p um 1 und gehe zu (ii).

(iv) Beendige das Verfahren. ω_p ist der gesuchte Knoten ω^*.

Dieses Vorgehen bestimmt einen von ω_0 ausgehenden Weg, welcher eindeutig ist, da der Grad jedes Knotens höchstens den Wert 2 besitzt. Weiter ist leicht einzusehen, dass kein Knoten aus N wiederholt auftritt. Da $|N|$ endlich ist, muss dieses Verfahren bei einem $\omega^* \in N$ abbrechen, und es gilt daher $\deg(\omega^*) = 1$. Δ

In Figur 1 ist ein Graph mit den im Lemma I.2.1 geforderten Eigenschaften gezeichnet.

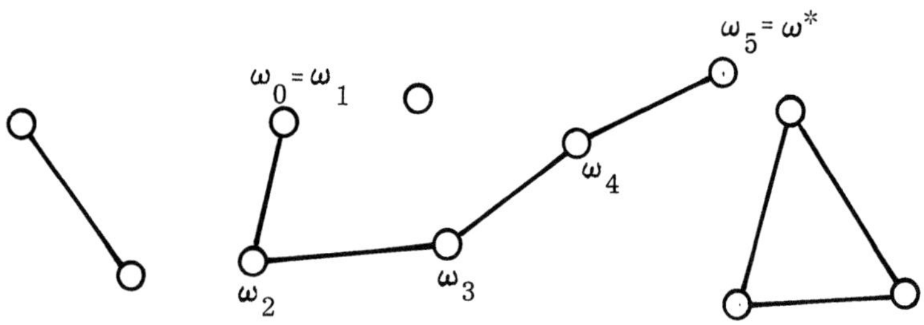

Fig. 1

Korrolar zu Lemma I.2.1

Jeder Graph mit der Eigenschaft (i) aus Lemma I.2.1 besitzt eine gerade Anzahl Knoten vom Grade 1.

Beweis: Folgt direkt aus dem Beweis von Lemma I.2.1. Δ

Lemma I.2.1 ist das Fundament der im folgenden dargestellten Algorithmen. Zwei wesentliche mathematische Aussagen werden gemacht; erstens wird die Existenz eines weiteren Knotens vom Grade 1 garantiert und zweitens lässt sich dieser Knoten nach endlich vielen Iterationen bestimmen. In den Anwendungen entsprechen die

Knoten vom Grade 1 den Lösungen (approximativen Lösungen) gewisser Probleme.

C.E. Lemke und J.T. Howson (1964) benützten erstmals das Lemma I.2.1 zum Aufsuchen von Gleichgewichtspunkten von Zweimatrizenspielen. Es zeigte sich bald, dass dieses Verfahren viel allgemeiner angewendet werden kann.

I.3 Das lineare Komplementaritätsproblem $(q|M)$ *)

Eine zweckmässige Darstellung von $(q|M)$ ist

(4a) $$w = Mz + q$$

(4b) $$w \geq 0, \quad z \geq 0$$

(4c) $$w \cdot z = 0$$

Das lineare Gleichungssystem (4a), bestehend aus n Gleichungen in $2n$ Unbekannten $w_1, \ldots, w_n, z_1, \ldots, z_n$, kann implizite beschrieben werden durch

(5a) $$(I, -M) \binom{w}{z} = q$$

I bezeichnet dabei die $n \times n$ -Einheitsmatrix. In (4a) ist w explizite als eine lineare Funktion von z dargestellt. Allgemein entspricht jeder Basis von $(I, -M)$, d.h. jeder regulären $n \times n$-Untermatrix von $(I, -M)$ eine explizite Darstellung der Form (4a) und umgekehrt (siehe Dantzig (1963)). Die den Basiskolonnen zugeordneten Variablen bilden die Basisform, und man nennt sie Basisvariable; die restlichen Variablen nennt man entsprechend Nichtbasisvariable. Setzt man in einer expliziten Darstellung die Nichtbasisvariablen gleich Null, so heisst die Lösung Basislösung (z.B. in (4a): $w = q$, $z = 0$). Der entsprechende Punkt im Lösungsraum heisst Basispunkt.

Jeder Basisform entspricht eindeutig eine Basis und umgekehrt; jeder Basis lässt sich eindeutig ein Basispunkt zuordnen, aber nicht umgekehrt: Es ist oft der Fall, dass einem Basispunkt mehrere Basen entsprechen. Die Eindeutigkeit der Zuordnung von Basispunkt und Basis ist gewährleistet, wenn das System (5a) nichtdegeneriert ist:

*) Im folgenden wird oft die Voraussetzung der Nichtdegeneriertheit ohne Einschränkung der Allgemeinheit gemacht (siehe Anhang I).

Satz I. 3. 1

Ist das System (5a) nichtdegeneriert, so ist jede Lösung mit genau n Null-Komponenten eine Basislösung und umgekehrt. Die dazugehörige Basis ist eindeutig bestimmt.

Beweis

Sei $(\bar{w}, \bar{z})$ eine Lösung von (5a) mit $\bar{z} = 0$. Es sei (B, N) eine Permutation der Kolonnen der Matrix (I, -M) derart, dass B den Variablen $\bar{w}$ und N den Variablen $\bar{z}$ zugeordnet ist. (5a) lässt sich dann schreiben als

$$B\bar{w} + N\bar{z} = q .$$

Wir haben zu zeigen, dass B regulär ist. Sei B nicht regulär, d.h. es gibt einen Kolonnenvektor B_i, welcher sich darstellen lässt als Linearkombination der restlichen Kolonnenvektoren aus B:

$$B_i = \sum_{j \neq i} \lambda_j B_j , \quad (\lambda_i \in R)$$

Damit ist aber $w^* = (\bar{w}_1 + \bar{w}_i \lambda_1, \bar{w}_2 + \bar{w}_i \lambda_2, \dots, \bar{w}_i^* = 0, \bar{w}_{i+1} + \bar{w}_i \lambda_{i+1}, \dots, \bar{w}_n + \bar{w}_i \lambda_n)^T$, $z^* = 0$ eine Lösung von (5a) mit (n+1) Null-Komponenten. Dies widerspricht jedoch der Voraussetzung der Nichtdegeneriertheit.

B ist daher regulär, und aus der Definition von B folgt die Eindeutigkeit.

Die Umkehrung ist trivial. Δ

Definitionen

- Eine Basis heisst zulässig, falls die zugehörige Basislösung zulässig ist (d.h. sie erfüllt (4b)).

- Zwei Basen heissen benachbart, falls sich ihre Basisformen in genau einem Element unterscheiden. (Die Basislösungen sind dann ebenfalls benachbart.)

Wie bereits erwähnt, lässt sich jeder Basis eine explizite Form (4a) zuordnen. Durch einen (zulässigen) Austauschschritt kann eine neue explizite Form (4a) erhalten werden, welche einer (zulässigen) benachbarten Basis entspricht.

Jede komplementäre Lösung (w, z) zu (q|M) genügt wegen (4b) und (4c) der Bedingung $w_i z_i = 0$ für $i = 1, \dots, n$. Daraus schliesst man, dass in jeder komplementären Lösung mindestens n Komponenten Null sein müssen. Ist nun (4a) als nichtdegeneriert vorausgesetzt, so folgt aus Satz I.3.1, dass jede komplementäre Lösung eine zulässige Basislösung zu (4a) sein muss. Wegen (4c) enthält eine solche Basis entweder die i-te Kolonne der Matrix I (i-ten Einheitsvektor), oder dann die i-te Kolonne der Matrix -M, nie aber beide gleichzeitig. Folglich ist das Aufsuchen einer Lösung zu (q|M) ein endlicher Prozess; es genügt nämlich, 2^n verschiedene Basislösungen zu untersuchen. Eine explizite Aufzählung ist für grosse n äusserst aufwendig. Das nachfolgend beschriebene Verfahren umgeht diese Schwierigkeiten auf elegante Art, benützt aber genau die obige Charakterisierung von Lösungen eines nichtdegenerierten Systems (q|M).

Definition

Sei A eine $(n \times m)$-Matrix $(A \in R^{n \times m})$, $\beta \subset \{1, \dots, m\}$. Mit A_β bezeichnen wir jene Teilmatrix von A, welche aus den Kolonnen gebildet wird, deren Index ein Element aus β ist.

Definition

Sei $\beta \subset \{1, \dots, 2n\}$ mit $|\beta| = n$. Die Matrix $(I, -M)_\beta$ bildet eine komplementäre Basis, falls

(i) $(I, -M)_\beta$ eine zulässige Basis für (4a) und

(ii) $\{i, i+n\} \not\subset \beta$ für $i = 1, \dots, n$ ist.

Satz I.3.2

Für ein nichtdegeneriertes System (q|M) besteht eine eineindeutige Zuordnung zwischen den Lösungen zu (q|M) und den komplementären Basen.

Beweis

(i) Es sei (w^*, z^*) eine Lösung von (q|M). Wegen (4b) und (4c) folgt, dass (w^*, z^*) mindestens n Komponenten = 0 besitzt. Aus der Nichtdegeneriertheit schliesst man zusammen mit Satz I.3.1, dass (w^*, z^*) eine Basislösung ist. Die zugehörige Basis (eindeutig!) erfüllt aber (i) und (ii) der Definition komplementärer Basen.

(ii) Die Umkehrung ist trivial, denn die einer komplementären Basis zugeordnete Lösung erfüllt offensichtlich (4a), (4b), (4c). Δ

I.4 Der Lemke-Algorithmus

Der Lemke-Algorithmus (Lemke und Howson (1964), Lemke (1965)) ist ein systematisches Verfahren zum Aufsuchen einer komplementären Basis. Dem System $(q|M)$ wird das erweiterte System $(d|q|M)$ zugeordnet:

(6a) $$w = Mz + dz_0 + q$$

(6b) $$w \geq 0,\ z \geq 0,\ z_0 \geq 0$$

(6c) $$w \cdot z = 0$$

wobei $d > 0$ einen n-Vektor bezeichnet und z_0 eine zusätzliche Variable.

Offensichtlich ist jede Lösung von $(d|q|M)$ mit $z_0 = 0$ eine Lösung von $(q|M)$.

Definition

Sei $\beta \subset \{1, \ldots, 2n+1\}$, $|\beta| = n$. Falls

(i) $(I, -M, -d)_\beta$ eine zulässige Basis zu (6a) und

(ii) $\{i, i+n\} \not\subset \beta$ für $i = 1, \ldots, n$ ist,

so bildet $\{I, -M, -d\}_\beta$ eine fast-komplementäre Basis.

Jede komplementäre Basis ist ebenfalls fast-komplementär, und falls $(2n+1) \notin \beta$, so ist die fast-komplementäre Basis $(I, -M, -d)_\beta$ komplementär.

In der Menge der fast-komplementären Basen soll nun eine besondere Nachbarschaftsstruktur eingeführt werden, welche den gewöhnlichen Nachbarschaftsbegriff einengt.

Es sei β die zu einer fast-komplementären Basis gehörende Indexmenge. Falls nun $(2n+1) \in \beta$, so existiert wegen (ii) genau ein Index $j^* \in \{1, \dots, n\}$ mit $\{j^*, j^*+n\} \cap \beta = \emptyset$. (Es gibt genau ein komplementäres Variablenpaar, welches nichtbasisch ist.)

Definition

Sei β die Indexmenge einer fast-komplementären Basis; dann definiert man

(7) $$\bar{\beta} := \begin{cases} \{2n+1\} & \text{, falls } (2n+1) \notin \beta \\ \{j^*, j^*+n\}, & \text{falls } (2n+1) \in \beta, \; j^* \text{ wie oben.} \end{cases}$$

Mit dieser Notation lässt sich die Struktur benachbarter fast-komplementärer Basen einfach beschreiben.

Definition

Zwei fast-komplementäre Basen mit den Indexmengen α und β sind genau dann benachbart, falls

(8) $$\alpha = \beta \cup \{j\} \setminus \{i\}; \quad j \in \bar{\beta}, \; i \in \beta$$

oder ebenso:

(9) $$\beta = \alpha \cup \{j\} \setminus \{i\}; \quad j \in \bar{\alpha}, \; i \in \alpha$$

Aus dieser Definition folgt, dass alle konvexen Linearkombinationen zweier benachbarter fast-komplementärer Basislösungen ebenfalls Lösungen zu $(d|q|M)$ sind.

Die Basisformen zweier benachbarter fast-komplementärer Basen unterscheiden sich also in genau einem Element. Aus dieser Nachbarschaftsstruktur folgt die wichtige Eigenschaft, dass bei Nichtdegeneriertheit jede solche Basis höchstens zwei benachbarte, fast-komplementäre Basen besitzt. Dies soll in Satz I. 4. 1 bewiesen werden.

Das folgende Zahlenbeispiel zeigt eine mögliche Folge fast-komplementärer benachbarter Basen (für $n = 4$).

$\beta_1 = \{1,2,4,9\}$; $\overline{\beta}_1 = \{3,7\}$: fast-komplementäre Basis,

$\beta_2 = \{1,2,7,9\}$; $\overline{\beta}_2 = \{4,8\}$: fast-komplementäre Basis,

$\beta_3 = \{1,2,7,8\}$; $\overline{\beta}_3 = \{9\}$: komplementäre Basis.

Der nächste Satz ist fundamental für den Lemke-Algorithmus. Er stellt die Beziehung zum Graphenlemma I.2.1 dar.

Satz I.4.1

Für ein nichtdegeneriertes System $(d|q|M)$ gilt: Jede fast-komplementäre Basis besitzt höchstens zwei benachbarte fast-komplementäre Basen.

Beweis

Sei β die Indexmenge einer fast-komplementären Basis. Nach Definition besitzt die Indexmenge α einer benachbarten fast-komplementären Basis die Form

(10) $$\alpha = \beta \cup \{j\} \setminus \{i\} \qquad j \in \overline{\beta}, \quad i \in \beta .$$

Da $(d|q|M)$ nichtdegeneriert ist, folgt leicht (siehe z.B. Dantzig (1963)), dass es zu jedem $j \in \overline{\beta}$ höchstens ein $i \in \beta$ gibt, welches zu einer fast-komplementären Basis (α) führt. Damit ist aber die Behauptung bewiesen, denn $\overline{\beta}$ enthält höchstens zwei Elemente. Δ

Das Graphenlemma I.2.1 setzt die Existenz eines Knotens vom Grade 1 voraus. Der nächste Satz sagt aus, dass für jedes nichtdegenerierte System $(d|q|M)$ eine Basis existiert, welche höchstens eine einzige benachbarte Basis besitzt.

Satz I.4.2

Sei $(d|q|M)$ ein nichtdegeneriertes System und $q \ngeq 0$. Dann gibt es genau eine fast-komplementäre Basis, deren Indexmenge β von der Form

(11) $$\beta = \{1,2,\dots,n\} \cup \{2n+1\} \setminus \{j\} \qquad j \in \{1,\dots,n\}$$

ist.

Beweis

Sei $\frac{q_{j*}}{d_{j*}} := \min_{i=1,..n} \left\{\frac{q_i}{d_i}\right\}$ (<0). Der Matrix $(I, -M, -d)_\beta$ mit $\beta = \{1, 2, \ldots, n\} \cup \{2n+1\} \setminus \{j*\}$ entspricht eine fast-komplementäre Basis, denn $(I, -M, -d)_\beta$ ist offensichtlich regulär, da $d > 0$. Betrachte die Lösung (w, z) zu (6a) mit $z = 0$ und

(12) $$w = q + dz_0 .$$

Setzt man (12) $\bar{z}_0 := \frac{-q_{j*}}{d_{j*}}$, so folgt $\bar{w} = q + d\bar{z}_0 \geq 0$, wobei $\bar{z}_0 > 0$ und $\bar{w}_{j*} = 0$. Daraus schliesst man, dass $(\bar{w}, \bar{z}, \bar{z}_0)$ eine zulässige Basislösung ist. Dieser Basislösung entspricht aber eindeutig die fast-komplementäre Basis $(I, -M, -d)_\beta$.

Aus (12) folgt ebenfalls, dass $w = q + dz_0 > 0$ für $z_0 > \bar{z}_0$ und $w = q + dz_0 \not\geq 0$ für $z_0 < \bar{z}_0$. Es kann daher keine weitere Basis der Form $\beta = \{1, \ldots, n\} \cup \{2n+1\} \setminus \{j\}$ geben. Δ

Aus dem vorangehenden Beweis geht hervor, dass die Punkte der Menge

(13) $$\{(w, z, z_0) \in R^{2n+1} \mid w = q + dz_0,\ z = 0,\ z_0 \geq \bar{z}_0\}$$

Lösungen des Systems $(d|q|M)$ sind. Diese unbeschränkte Menge stellt geometrisch einen Strahl dar, welcher von der Basislösung $(\bar{w},\ \bar{z} = 0,\ \bar{z}_0)$ ausgeht.

Definition

Die Menge $\{(w, z, z_0) \in R^{2n+1} \mid (w, z, z_0) = (\bar{w}, \bar{z}, \bar{z}_0) + \Theta(w^*, z^*, z_0^*),\ \Theta \geq 0\}$ heisst ein Strahl in $(d|q|M)$, falls $(w^*, z^*, z_0^*) \neq (0, 0, 0)$ und alle Punkte dieser Menge Lösungen zu $(d|q|M)$ sind. Falls $(\bar{z}, z^*) = (0, 0)$, so heisst der Strahl primär. Ein Strahl, welcher nicht primär ist und für welchen zusätzlich gilt $(\bar{z}_0, z_0^*) \neq (0, 0)$, heisst sekundär.

Offensichtlich ist der in (13) beschriebene Strahl ein primärer Strahl, nämlich mit $\bar{w} = q + d\bar{z}_0$, $\bar{z} = 0$, und $w^* = d$, $z^* = 0$, $z_0^* = 1$. Es wird gleich gezeigt, dass dieser Strahl eindeutig bestimmt ist, d. h. dass es nur einen (einzigen) primären Strahl gibt.

Es sei die Menge

$$\{(w, z, z_0) \in R^{2n+1} \mid (w, z, z_0) = (\bar{w}, \bar{z}, \bar{z}_0) + \Theta(w^*, z^*, z_0^*),\ \Theta \geq 0\}$$

ein Strahl in (d| q| M). Dann gilt

$$(14)\qquad \begin{aligned} &\bar{w} = M\bar{z} + d\bar{z}_0 + q \\ &\bar{w} \geq 0,\quad \bar{z} \geq 0,\quad \bar{z}_0 \geq 0 \\ &\bar{w}\cdot\bar{z} = 0 \end{aligned}$$

$$\begin{aligned} w &= M(\bar{z} + \Theta z^*) + d(\bar{z}_0 + \Theta z_0^*) + q \\ &= M\bar{z} + d\bar{z}_0 + \Theta(Mz^* + dz_0^*) + q \\ &= \bar{w} + \Theta(Mz^* + dz_0^*) = \bar{w} + \Theta w^* \end{aligned}$$

Da $(w, z, z_0) \geq (0, 0, 0)$ sein muss für alle $\Theta \geq 0$, folgt

$$(15)\qquad \begin{aligned} &w^* = Mz^* + dz_0^* \\ &w^* \geq 0,\quad z^* \geq 0,\quad z_0^* \geq 0. \end{aligned}$$

Weiter schliesst man aus

$$w\cdot z = (\bar{w} + \Theta w^*)(\bar{z} + \Theta z^*) = \bar{w}\cdot\bar{z} + \Theta w^*\cdot\bar{z} + \Theta z^*\cdot\bar{w} + \Theta^2 w^* z^* = 0\ ,$$

dass

$$(16)\qquad \bar{w}\cdot\bar{z} = \bar{w}\cdot z^* = w^*\cdot\bar{z} = w^*\cdot z^* = 0\ ,$$

weil alle vorkommenden Vektoren nichtnegativ sind.

Insbesondere sieht man, dass (w^*, z^*, z_0^*) eine Lösung des "homogenen" Systems (d| 0| M) sein muss und dass der primäre Strahl der "trivialen" Lösung dieses Systems entspricht.

Der Lemke-Algorithmus (für $q \ngeq 0$)

Schritt 1: (Initialisierung)

Bestimme die Indexmenge β_0 der fast-komplementären Basis der Form (11) in Satz I.4.2, d.h. $\beta_0 = \{1,2,\dots,n\} \cup \{2n+1\} \setminus \{j\}$. Setze $\beta_1 = \beta_0$; $k=1$. Gehe zu 2.

Schritt 2:

Falls es eine zu $(I, -M, -d)_{\beta_k}$ benachbarte fast-komplementäre Basis $(I, -M, -d)_\alpha$

gibt, mit $\alpha \neq \beta_{k-1}$, so setze $\beta_{k+1} = \alpha$, $k = k+1$ und gehe zu 2. Sonst breche den Algorithmus ab.

Dieser äusserst einfache Algorithmus besitzt die folgenden Eigenschaften, welche auf dem Graphenlemma I.2.1 beruhen:

Satz I.4.3

Der Algorithmus kann für ein nichtdegeneriertes System $(d|q|M)$ angewendet werden und bricht nach einer endlichen Anzahl Schritten ab, wobei in jedem Schritt eine andere, fast-komplementäre Basis $(I, -M, -d)_{\beta_k}$, $k = 1, \ldots, \ell$ erzeugt wird. Die zuletzt erzeugte Basis mit der Indexmenge $\gamma = \beta_\ell$ besitzt eine der beiden folgenden Eigenschaften

(a) $(2n+1) \notin \gamma$.

(b) Es gibt ein $i \in \overline{\gamma}$ (siehe (7)) derart, dass $\{\gamma \cup \{i\}\} \cap \{n+1, \ldots, 2n\} \neq \emptyset$, und es gibt keine fast-komplementäre Basis mit der Indexmenge

$$\gamma \cup \{i\} \setminus \{j\}, \quad j \in \gamma .$$

Beweis

Es sei der folgendermassen definierte Graph $G = G(N, E)$ betrachtet:

$N :=$ ist die Menge aller fast-komplementären Basen von $(d|q|M)$;

$E :=$ zwei Knoten sind durch eine Kante verbunden, falls die den Knoten entsprechenden Basen benachbart sind (siehe Beziehung (8)).

Die Menge der Knoten ist endlich, da nur eine endliche Menge fast-komplementärer Basen gebildet werden kann. Der Grad jedes Knotens ist gemäss Satz I.4.1 höchstens zwei, und der Satz I.4.2 garantiert die Existenz eines Knotens vom Grade ≤ 1. Ist der Grad des Startknotens $= 0$, so muss (b) erfüllt sein; andernfalls führt nach dem Graphenlemma ein eindeutig bestimmter Weg zu einem zum Startknoten verschiedenen Knoten vom Grade 1. Diesem Knoten entspricht eine fast-komplementäre Basis mit Indexmenge γ, welche genau eine benachbarte fast-komplementäre Basis besitzt, d.h. es gilt entweder (a) oder aber es gibt ein $i \in \overline{\gamma}$ mit der Eigenschaft, dass es keine fast-komplementäre Basis der Form $\gamma \cup \{i\} \setminus \{j\}$, $j \in \gamma$ gibt. Falls nun $\{\gamma \cup \{i\}\} \cap \{n+1, \ldots, 2n\} = \emptyset$ ist, folgt $\gamma = \{1, \ldots, n\} \cup \{2n+1\} \setminus \{j^*\}$, d.h. γ entspricht der Indexmenge des Startknotens, was einen Widerspruch darstellt. Δ

Der Satz I. 4. 3 besitzt folgende, anschaulichere Form

Satz I.4.4

Der Lemke-Algorithmus erzeugt entweder eine komplementäre Lösung oder einen sekundären Strahl mit $\bar{z}_0 > 0$, falls $(d|q|M)$ nichtdegeneriert ist.

Beweis

Einer komplementären Lösung entspricht eindeutig eine fast-komplementäre Basis, deren entsprechende Indexmenge $(2n+1)$ nicht enthält.

Falls γ die Eigenschaft (b) des Satzes I. 4.3 besitzt, so gilt für den Index $i \in \bar{\gamma}$ mit seiner zugehörigen Variablen $\begin{pmatrix} w \\ z \\ z_0 \end{pmatrix}_i$, dass das System

$$(I, -M, -d)_\gamma \begin{pmatrix} w \\ z \\ z_0 \end{pmatrix}_\gamma + (I, -M, -d)_i \begin{pmatrix} w \\ z \\ z_0 \end{pmatrix}_i = q$$

für beliebige nichtnegative Werte der Variablen $\begin{pmatrix} w \\ z \\ z_0 \end{pmatrix}_\gamma$ zulässige Lösungen besitzt.

Dies ist aber nur möglich, wenn $u = -(I, -M, -d)_\gamma^{-1} (I, -M, -d)_i \geq 0$ ist.

Es bezeichne $(\bar{w}, \bar{z}, \bar{z}_0)$ die der Basis $(I, -M, -d)_\gamma$ zugeordnete Basislösung. Die Menge

$$(17) \quad \left\{ (w, z, z_0) \in R^{2n+1} \;\middle|\; \begin{array}{lcll} (w, z, z_0)_\gamma & = & (\bar{w}, \bar{z}, \bar{z}_0)_\gamma + \Theta u^T & \\ (w, z, z_0)_i & = & 0 \quad + \Theta \quad , & \Theta \geq 0 \\ (w, z, z_0)_j & = & 0 \quad\quad j \notin \gamma \cup \{i\} & \end{array} \right\}$$

ist ein Strahl in $(d|q|M)$, da $i \in \bar{\gamma}$. Weiter folgt, da $(2n+1) \in \gamma$, dass $\bar{z}_0 > 0$. Aus (b) folgt $(\bar{z}, z^*) \neq (0, 0)$, daher ist der Strahl sekundär. Δ

Die Existenz eines sekundären Strahls impliziert für gewisse Klassen von Matrizen M die Unzulässigkeit des Systems $(q|M)$. Daher endet der Lemke-Algorithmus für diese Klassen immer mit einer komplementären Lösung, falls das System $(q|M)$ zulässige Lösungen besitzt. Dass diese Klassen sehr umfassend sind, wird im nächsten Abschnitt gezeigt.

An dieser Stelle erscheint es sinnvoll, einige Bemerkungen bezüglich der numerischen Durchführung des Lemke-Algorithmus zu machen.

Bekanntlich lassen sich die expliziten Formen zweier benachbarter (zulässiger) Basen eines Gleichungssystems mit Hilfe eines (zulässigen) Gauss-Jordan-Austauschschrittes ineinander überführen.*)

Es sei γ die Indexmenge einer fast-komplementären Basis; das zugehörige Gleichungssystem sei in expliziter Form vorhanden. Falls $(2n+1) \in \gamma$ ist, so gibt es genau ein nichtbasisches komplementäres Variablenpaar. Die explizite Form einer zu γ benachbarten fast-komplementären Basis erhält man nun, indem man eine der beiden Variablen des nichtbasischen Paares durch einen zulässigen Austauschschritt in die Basis bringt. Die basisverlassende Variable ist für ein nichtdegeneriertes System eindeutig bestimmt.

Lässt sich eine Variable eines nichtbasischen komplementären Paares beliebig vergrössern, ohne dass (6b) verletzt wird, so entspricht dies einem Strahl in $(d|q|M)$.

Durch den Lemke-Algorithmus wird eine wohldefinierte endliche Folge von Austauschschritten erzeugt. In der hier gewählten Darstellung wurde darauf verzichtet, diesen Algorithmus auf der Basis von Pivotoperationen darzustellen. Die jeweiligen Pivotelemente sollten jedoch nun klar definiert sein. (Zur Illustration dient auch das numerische Beispiel in Kapitel I. 6.)

I.5 Spezielle Klassen von Matrizen

In diesem Abschnitt werden Matrizen charakterisiert, für welche der Lemke-Algorithmus eine Lösung findet oder dann feststellt, dass das Problem $(q|M)$ überhaupt keine zulässige Lösung besitzt.

Definition

$(q|M)$ heisst zulässig, falls die Menge der zulässigen Lösungen zu $(q|M)$ nichtleer ist. Andernfalls heisst $(q|M)$ unzulässig.

---

*) Es ist hier vorausgesetzt, dass der Leser mit dieser Technik vertraut ist (s. Dantzig (1963)).

Die beiden nachfolgend definierten Klassen sind sehr umfassend und wichtig im Hinblick auf die Anwendbarkeit des Lemke-Algorithmus.

Definition

Es bezeichnen

$K = \{M|$ zu jedem q: falls $(q|M)$ zulässig ist, so besitzt $(q|M)$ eine komplementäre Lösung$\}$

$Q = \{M|$ zu jedem q existiert eine komplementäre Lösung zu $(q|M)\}$.

Lemke hat in seinem ersten Artikel (1965) über lineare Komplementarität bewiesen, dass die Menge der sog. Copositiv-plus-Matrizen (siehe unten) eine echte Teilmenge von K ist. Er bewies dies konstruktiv, indem er zeigte, dass die Existenz eines sekundären Strahls die Unzulässigkeit von $(q|M)$ impliziert. Auf Grund der gleichen Beweisidee hat Eaves (1971a) diese Eigenschaft für eine erweiterte Klasse L gezeigt, welche die Copositiv-plus-Matrizen echt enthält. Einige Klassen sollen nun definiert und untersucht werden.

In allen nachstehenden Definitionen bezeichnet M eine quadratische Matrix, d.h. $M \in R^{n \times n}$.

Definitionen

- Positiv definite Matrizen:

  M ist positiv semidefinit (PSD), falls $x \cdot Mx \geq 0$ für alle x
  M ist positiv definit (PD), falls $x \cdot Mx > 0$ für alle $x \neq 0$.

- Copositiv-Matrizen:

  M ist copositiv (CP), falls $x \cdot Mx \geq 0$ für alle $x \geq 0$.

- Copositiv-plus-Matrizen:

  M ist copositiv-plus (CPP), falls M copositiv ist, und aus $x \cdot Mx = 0$ folgt $(M+M^T)x = 0$.

- E_0-Matrizen:

  M ist eine E_0-Matrix, falls für alle $x \neq 0$, $x \geq 0$ ein Index $i \in \{1, \dots, n\}$ existiert, derart, dass $x_i > 0$ und $(Mx)_i \geq 0$.

- E_1-Matrizen:

  M ist eine E_1-Matrix, falls für alle $0 \neq x \geq 0$, für welche $Mx \geq 0$ und $x \cdot Mx = 0$ gilt, zwei Diagonalmatrizen $\Lambda \geq 0$ und $\Omega \geq 0$ existieren mit $\Omega x \neq 0$ und $(\Lambda M + M^T \Omega)x = 0$.

- P-Matrizen:

  M ist eine P-Matrix, falls alle ihre Hauptminoren positiv sind.

Einige der bekannteren Beziehungen zwischen diesen Klassen seien hier ohne Beweis erwähnt:

(i) Eine PSD-Matrix ist eine CPP-Matrix (PSD $\subset$ CPP)

(ii) Eine PD-Matrix ist eine P-Matrix (PD $\subset$ P)

(iii) Eine CPP-Matrix ist eine E_0-Matrix (CPP $\subset E_0$)

(iv) Eine CPP-Matrix ist eine E_1-Matrix (CPP $\subset E_1$)

Ebenfalls klassisch ist das Resultat, dass eine symmetrische P-Matrix positiv definit ist.

Einige der Klassen lassen sich nun in Bezug auf ein lineares Komplementaritätsproblem charakterisieren:

Lemma I.5.1

Die folgenden zwei Aussagen sind äquivalent:

(i) $M \in E_0$.

(ii) Für jedes $q > 0$ besitzt $(q|M)$ eine einzige Lösung, nämlich diejenige mit $z=0$.

Beweis

Eine Lösung von $(q|M)$ mit $q > 0$ ist offensichtlich $\overline{w} = q$, $\overline{z} = 0$. Für jede andere Lösung gilt $z \neq 0$. Wegen $M \in E_0$ gibt es dann einen Index i derart, dass $z_i > 0$ und $(Mz)_i \geq 0$. Die i-te Zeile des Systems $w = Mz + q$

$$w_i = q_i + (Mz)_i$$

zeigt, da $q_i > 0$ und $(Mz)_i \geq 0$ gilt, dass $w_i > 0$ ist. Damit ist aber $z_i \cdot w_i > 0$, was

$w \cdot z = 0$ widerspricht. Falls $M \notin E_0$, ist es einfach, ein $q > 0$ anzugeben, für welches $(q|M)$ zwei Lösungen besitzt. Δ

Das nächste Lemma wurde von K.G. Murty (1972) bewiesen.

Lemma I.5.2

Die folgenden zwei Aussagen sind äquivalent.

(i) $M \in P$.

(ii) Für alle q besitzt $(q|M)$ eine einzige Lösung.

Beweis: siehe K.G. Murty (1972).

Lemma I.5.2 impliziert $P \subset Q$. Konstruktiv soll nun gezeigt werden, dass die Klasse der Matrizen

(18) $$L := E_0 \cap E_1$$

eine Teilmenge von K ist. Die Definition dieser Klasse ist von Eaves (1971a) im Hinblick auf Komplementaritätsprobleme eingeführt worden. L ist eine sehr umfassende Klasse, enthält sie doch u.a. die Copositiv-plus-Matrizen und die P-Matrizen.

Lemma I.5.3

Falls $M \in E_0$ ist und z_0 unbeschränkt wächst auf einem Strahl in $(d|q|M)$, so ist dies der primäre Strahl.

Beweis

Betrachte den Strahl in $(d|q|M)$, definiert durch

(19) $$\{(w,z,z_0) \mid (w,z,z_0) = (\overline{w},\overline{z},\overline{z}_0) + \Theta(w^*,z^*,z_0^*);\quad \Theta \geq 0\}$$

Da z_0 unbeschränkt wächst mit Θ, folgt $z_0^* \neq 0$. Dann gibt es ein $\overline{\Theta} > 0$ mit $q + (\overline{z}_0 + \overline{\Theta} z_0^*) d > 0$. Nach Lemma I.5.1 besitzt das System $(q + (\overline{z}_0 + \Theta z_0^*) d \,|M)$ nur die einzige Lösung mit $z = 0$ für $\Theta \geq \overline{\Theta}$.

Daher folgt $z^* = \overline{z} = 0$ und daher ist (19) der primäre Strahl. Δ

Lemma I. 5. 4

Falls $M \in E_1$ und z_0 beschränkt ist auf einem Strahl in $(d|q|M)$ mit $\bar{z}_0 > 0$, so ist das System $(q|M)$ unzulässig.

Beweis

Sei nochmals der Strahl in $(d|q|M)$, beschrieben durch (19), betrachtet. Nach der Definition eines Strahls muss $(w^*, z^*, z_0^*) \neq 0$ sein. Da z_0 beschränkt ist, folgt $z_0^* = 0$. Wäre $z^* = 0$, so müsste wegen (15) $w^* = Mz^* + dz_0^* = 0$ sein, was $(w^*, z^*, z_0^*) \neq 0$ widerspricht. Also ist $z^* \neq 0$. Wegen (16) gilt $w^* = Mz^* \geq 0$, $z^* \cdot w^* = z^* \cdot Mz^* = 0$, d.h.

(20) $$z^* \geq 0, \quad Mz^* \geq 0, \quad z^* \cdot Mz^* = 0.$$

Aus der Definition von E_1 und (20) folgt die Existenz zweier Diagonalmatrizen $\Omega \geq 0$, $\Lambda \geq 0$ mit

(21) $$\Omega z^* \neq 0, \quad (\Lambda M + M^T \Omega) z^* = 0 .$$

Da $\Lambda M z^* \geq 0$, folgt aus (21) $M^T \Omega z^* \leq 0$. Nun gilt, wegen (15) und (16)

$$0 = \bar{z} \cdot w^* = \bar{z} \cdot \Lambda w^* = \bar{z} \cdot \Lambda M z^*$$

und daher folgt aus (21)

(22) $$\bar{z} \cdot M^T \Omega z^* = 0.$$

Betrachten wir die Lösung $(\bar{w}, \bar{z}, \bar{z}_0)$ von $(d|q|M)$:

$$I\bar{w} - M\bar{z} - d\bar{z}_0 = q$$

skalar multipliziert mit Ωz^*:

(23) $$\Omega z^* \cdot I\bar{w} - \Omega z^* \cdot M\bar{z} - \Omega z^* \cdot d\bar{z}_0 = \Omega z^* \cdot q.$$

Da $z^* \cdot \bar{w} = 0$ und $\bar{z} \cdot M^T \Omega z^* = 0$ ist, reduziert sich (23) auf

(24) $$- \Omega z^* \cdot d\bar{z}_0 = \Omega z^* \cdot q .$$

Da $d > 0$, $\bar{z}_0 > 0$, folgt aus (21)

(25) $$\Omega z^* \cdot q < 0 .$$

Sei nun (w, z) eine zulässige Lösung zu (q| M), d.h.

$$w = Mz + q \geq 0, \quad z \geq 0 .$$

Nun schliesst man:

$$\begin{aligned} 0 \leq w \cdot \Omega z^* &= (Mz+q) \cdot \Omega z^* \\ &= z \cdot M^T \Omega z^* + \Omega z^* \cdot q \\ &< 0 , \qquad \text{wegen (25) und } M^T \Omega z^* \leq 0 , \end{aligned}$$

was einen Widerspruch darstellt. Also besitzt (q| M) keine zulässige Lösung. Δ

Aus Lemma I.5.3 und I.5.4 lässt sich zusammen mit dem Satz I.4.4 unmittelbar der folgende Satz beweisen.

Satz I.5.5

Sei (d| q| M) nichtdegeneriert und $M \in L$. Dann findet der Lemke-Algorithmus nach endlich vielen Schritten eine komplementäre Lösung oder er endet in einem sekundären Strahl, welcher die Unzulässigkeit von (q| M) impliziert.

Korollar zu Satz I.5.5

$$L \subset K .$$

Beweis: Folgt aus Satz I.5.5. Falls (d| q| M) degeneriert ist, verwende man ein lexikographisches Verfahren (siehe Dantzig (1963)). Δ

Im nächsten Abschnitt wird gezeigt, dass u.a. das quadratische Optimierungsproblem und das Problem, Gleichgewichtspunkte von Zweimatrizen-Spielen zu finden, auf die Form (4a - 4c) gebracht werden kann. Eaves (1971a) hat bewiesen, dass in diesen Fällen die Matrix M der Klasse L angehört.

I. 6 Anwendungen zum linearen Komplementaritätsproblem

Komplementaritätsprobleme treten auf bei der Suche nach einer Optimallösung des Problems:

$$\text{(26)} \qquad \begin{array}{l} \text{Minimiere } g_0(x) \\ \text{unter den Nebenbedingungen} \\ \qquad g(x) \le 0 \\ \qquad x \ge 0 \end{array}$$

wobei $g_0 : R^n_+ \to R^1$, differenzierbar

$g : R^n_+ \to R^m$, differenzierbar

unter Verwendung des Kuhn-Tucker-Theorems.

Die zu (26) gehörige verallgemeinerte Lagrangefunktion besitzt die Form

$$\text{(27)} \qquad L(x,u) := g_0(x) + u \cdot g(x), \quad u \in R^m_+.$$

Die notwendigen Kuhn-Tucker-Bedingungen (unter den sogenannten constraint-qualifications), dass $\bar{x} \in R^n_+$ ein lokales Minimum von (26) ist, sind:

Es existiert ein $\bar{u} \in R^m_+$, mit

$$\text{(28)} \qquad \begin{array}{rll} \nabla_x L(\bar{x},\bar{u}) & \ge 0 & \text{(duale Zulässigkeit)} \\ -\nabla_u L(\bar{x},\bar{u}) & \ge 0 & \text{(primale Zulässigkeit)} \\ \bar{x} \cdot \nabla_x L(\bar{x},\bar{u}) & = 0 & \\ \bar{u} \cdot \nabla_u L(\bar{x},\bar{u}) & = 0 & \end{array} \left.\right\} \text{(Komplementärschlupfbedingung)}$$

($\nabla_x L$ und $\nabla_u L$ bezeichnen die Gradienten von L bezüglich x beziehungsweise u.)

(28) entspricht offensichtlich dem Problem $[f|R^{n+m}_+]$, mit

$$\text{(29)} \qquad f(x,u) := \begin{pmatrix} \nabla_x L(x,u) \\ -\nabla_u L(x,u) \end{pmatrix}.$$

Bei den Anwendungen zum nichtlinearen Komplementaritätsproblem (Abschnitt I.14) wird nochmals auf diese Formulierungen Bezug genommen.

Das quadratische Optimierungsproblem

Sind in (26) die Restriktionen linear und die Zielfunktion von der Form $g_0(x) = c\cdot x + \frac{1}{2}x\cdot Qx$, $c \in R^n$, $Q \in R^{n\times n}$, so erhält man ein quadratisches Optimierungsproblem:

$$\text{(30)}\qquad \begin{aligned} &\text{Minimiere } g_0(x) = c\cdot x + \frac{1}{2}x\cdot Qx \\ &\text{unter den Nebenbedingungen} \\ &\qquad Ax - b \le 0 \\ &\qquad\quad x \ge 0 \end{aligned}$$

Ohne Einschränkung der Allgemeinheit sei die Matrix Q als symmetrisch vorausgesetzt, d.h. $Q = Q^T$. Für das Problem (30) erhalten die Kuhn-Tucker-Bedingungen (28) die spezielle Form (ohne Komplementärschlupf)

$$\begin{aligned} \nabla_x L &= c + Qx + A^T u \ge 0 \\ -\nabla_u L &= b - Ax \ge 0 \end{aligned}$$

und daher wird (29) zu

$$\text{(31)}\qquad f(x,u) = \begin{pmatrix} c \\ b \end{pmatrix} + \begin{pmatrix} Q & A^T \\ -A & 0 \end{pmatrix}\begin{pmatrix} x \\ u \end{pmatrix}.$$

(31) ist eine affine Funktion. Die Kuhn-Tucker-Bedingungen für ein quadratisches Optimierungsproblem führen also auf ein Problem $(q|M)$, wobei q und M in (31) definiert sind.

Ist Q eine positiv-definite Matrix, so ist bekanntlich die Zielfunktion $cx + \frac{1}{2}x\cdot Qx$ konvex. Für konvexe Optimierungsprobleme sind die Kuhn-Tucker-Bedingungen auch hinreichend, und daher besteht eine eindeutige Beziehung zwischen Lösungen zu $(q|M)$ und den Optimallösungen von (30).

Lemma I.6.1

Für positiv-semidefinite Matrizen Q ist die Matrix $M = \begin{pmatrix} Q & A^T \\ -A & 0 \end{pmatrix}$ für beliebige Matrizen A positiv-semidefinit.

Beweis

Sei $z = (x, u)$ ein beliebiger Vektor. Bilde

$$z \cdot Mz = (x,u) \cdot \begin{pmatrix} Q & A^T \\ -A & 0 \end{pmatrix} \begin{pmatrix} x \\ u \end{pmatrix}$$

$$= (x,u) \cdot \begin{pmatrix} Qx + A^T u \\ -Ax \end{pmatrix}$$

$$= x \cdot Qx + x \cdot A^T u - u \cdot Ax = x \cdot Qx$$

$$\geq 0, \quad \text{da } Q \text{ positiv-semidefinit ist.} \qquad \Delta$$

Wie bereits (ohne Beweis) erwähnt, ist die Klasse der positiv-semidefiniten Matrizen enthalten in L, d.h. der Lemke-Algorithmus kann zur Lösung quadratischer Optimierungsprobleme benützt werden.

Aus dem vorangehenden Beweis kann man weiter sehen, dass

$$z \cdot Mz = x \cdot Qx \quad \text{ist.}$$

Aus einer komplementären Lösung zu $(q|M)$ kann man daher leicht den optimalen Wert der Zielfunktion bestimmen, denn aus

$$z \cdot (Mz + q) = 0 = z \cdot Mz + z \cdot q \quad \text{folgt}$$

$$-\frac{1}{2} z \cdot q = \frac{1}{2} z \cdot Mz = \frac{1}{2} x \cdot Qx \quad \text{und daher}$$

$$g_0(x) = \frac{1}{2} x \cdot Qx + c \cdot x = -\frac{1}{2} c \cdot x - \frac{1}{2} b \cdot u + c \cdot x$$

(32) $$= \frac{1}{2}(c \cdot x - b \cdot u)$$

Zur Illustration diene das folgende Beispiel:

Minimiere $g_0(x) = -6x_1 - 3x_2 + \frac{1}{2}(2x_1^2 - 8x_1x_2 + 8x_2^2)$

unter den Nebenbedingungen

$$x_1 + x_2 - 3 \le 0$$

$$4x_1 + x_2 - 9 \le 0$$

$$x_1, x_2 \ge 0 .$$

Die Zielfunktion ist konvex; daher ist das entsprechende Problem $(q|M)$ mit dem Lemke-Algorithmus lösbar. Nach (31) besitzen q und M die Form

$$q = \begin{pmatrix} -6 \\ -3 \\ 3 \\ 9 \end{pmatrix}, \quad M = \begin{pmatrix} 2 & -4 & 1 & 4 \\ -4 & 8 & 1 & 1 \\ -1 & -1 & 0 & 0 \\ -4 & -1 & 0 & 0 \end{pmatrix} .$$

Der Algorithmus beginnt mit der Bestimmung einer fast-komplementären Basis der Form $\beta_1 = \{1, \ldots, n\} \cup \{2n+1\} \setminus \{j\}$, wobei die dem Vektor d, z. B. $d = (1, 1, 1, 1)$, zugehörige Variable mit z_0 bezeichnet wird. Im Tableau 0 wird also die Variable z_0 in die Basis gebracht, derart, dass das neue Tableau 1 zulässig wird.

Ausgangstableau 0 (unzulässig)

	z_0	z_1	z_2	z_3	z_4	1
$w_1 =$	[1]	2	-4	1	4	-6
$w_2 =$	1	-4	8	1	1	-3
$w_3 =$	1	-1	-1	0	0	3
$w_4 =$	1	-4	-1	0	0	9

Nach der Quotientenregel verlässt w_1 die Basis. Die Indexmenge der ersten fast-komplementären Basis ist dann $\beta_1 = \{2, 3, 4, 9\}$ (siehe Abschnitt I.4). Die zu dieser Basis gehörige explizite Form erhält man durch einen Austauschschritt, bestimmt durch das Pivotelement $[(w_1, z_0)]$:

Tableau 1 (zu β_1 gehörige explizite Form)

		w_1	z_1	z_2	z_3	z_4	1
z_0	=	1	-2	4	-1	-4	6
w_2	=	1	[-6]	12	0	-3	3
w_3	=	1	-3	3	-1	-4	15
w_4	=	1	-6	3	-1	-4	9

Die einzige zu $(I, -M, -d)_{\beta_1}$ benachbarte Basis besitzt die Form $\beta_2 = \{2,3,4,9\} \cup \{5\} \setminus \{j\}$, d.h. die Variable z_1 des nichtbasischen komplementären Paares (w_1, z_1) wird in die Basis gebracht. Nach der Quotientenregel (Erhalten der Zulässigkeit) wird die basisverlassende Variable w_2 bestimmt, d.h. $\beta_2 = \{3,4,5,9\}$:

Tableau 2 (zu β_2 gehörige explizite Form)

		w_1	w_2	z_2	z_3	z_4	1
z_0	=	2/3	1/3	0	-1	-3	5
z_1	=	1/6	-1/6	2	0	-1/2	1/2
w_3	=	1/2	1/2	-3	-1	-5/2	15/2
w_4	=	0	1	[-9]	-1	-1	12

Das Komplement der basisverlassenden Variablen (w_2), also z_2, wird im nächsten Schritt in die Basis gebracht; $\beta_3 = \{3, 5, 6, 9\}$.

Tableau 3

		w_1	w_2	w_4	z_3	z_4	1
z_0	=	2/3	1/3	0	-1	-3	5
z_1	=	1/6	1/18	-2/9	-2/9	-13/18	19/6
w_3	=	1/2	1/6	1/3	-2/3	[-13/6]	7/2
z_2	=	0	1/9	-1/9	-1/9	-1/9	4/3

z_4 kommt nun in die Basis und w_3 verlässt sie; $\beta_4 = \{5,6,8,9\}$.

Tableau 4

		w_1	w_2	w_4	z_3	w_3	1
z_0	=	-1/39	1/13	-6/13	[-1/13]	18/13	2/13
z_1	=	0	0	-1/3	0	1/3	2
z_4	=	3/13	1/13	2/13	-4/13	-6/13	21/13
z_2	=	-1/39	4/39	-5/39	-1/13	2/39	15/13

Bringt man nun z_3 (Komplement von w_3) in die Basis, so ergibt die Quotientenregel z_0 als basisverlassende Variable, d.h. die nächste Basis führt zu einer komplementären Lösung des Problems; $\beta_5 = \{5,6,7,8\}$.

Tableau 5 (explizite Form zur komplementären Basis β_5)

		w_1	w_2	w_4	z_0	w_3	1
z_3	=	-1/3	4/3	-6	-13	18	2
z_1	=	0	0	-1/3	0	1/3	2
z_4	=	1/3	-1/3	2	4	-6	1
z_2	=	0	0	1/3	1	-4/3	1

Aus dem Tableau 5 lässt sich die gefundene komplementäre Lösung zu $(q|M)$ ablesen:

$$w_1 = w_2 = w_3 = w_4 = 0; \quad z_1 = 2,\ z_2 = 1,\ z_3 = 2,\ z_4 = 1.$$

Der Vektor z enthält sowohl die dualen wie auch die primalen Variablen:

$$z = \begin{pmatrix} x_1 \\ x_2 \\ u_1 \\ u_2 \end{pmatrix}$$

Daher erfüllt $x^* = (2,1)$ die notwendigen und hinreichenden Bedingungen für eine Optimallösung.

Der Wert der Zielfunktion ergibt sich aus (32), d.h.

$$g_0(x^*) = \frac{1}{2}(cx^* - bu^*)$$

$$= \frac{1}{2}((-6)(2) + (-3)(1) - 3.2 - 9.1) = -\frac{30}{2} = -15.$$

Hartmann und Reiser (1974) haben den Lemke-Algorithmus mit dem Algorithmus von Beale verglichen. Da der Beale-Algorithmus ebenfalls zu den Pivot-Verfahren gehört, liegt es nahe, als Vergleichskriterium die zum Aufsuchen einer Optimallösung benötigte Anzahl Iterationen (Austauschschritte) zu verwenden; dies umso mehr, als der Rechenaufwand für beide Verfahren von derselben Grössenordnung ist.

Es scheint, dass die benötigte Anzahl Iterationen beim Lemke-Algorithmus in erster Linie von der Problemgrösse abhängt, während für den Beale-Algorithmus die geometrische Struktur des Problems mit eine Rolle spielt. Es ist daher auch nicht möglich, eines dieser beiden Verfahren als das bessere zu bezeichnen.

Für Probleme mit linearer Zielfunktion ($Q = 0$) sind zuvor schon von A. Ravindran (1970, 1973) ähnliche Vergleiche durchgeführt worden. Als Vergleichsalgorithmus wurde das Simplex-Verfahren gewählt.

Es sei darauf hingewiesen, dass sowohl der Beale-Algorithmus als auch der Simplex-Algorithmus mit einer zulässigen Lösung starten müssen. Im allgemeinen geht der Anwendung dieser Algorithmen das Aufsuchen einer zulässigen Lösung voraus. Dies entfällt beim Lemke-Algorithmus.

Nash-Gleichgewichtspunkte für Zweimatrizen-Spiele

Die Charakterisierung eines Nash-Gleichgewichtspunktes für Zweimatrizen-Spiele als lineares Komplementaritätsproblem wurde von Lemke und Howson (1964) erkannt. Gleichzeitig veröffentlichten sie ein iteratives Verfahren zur Bestimmung solcher Lösungen.

Zweimatrizen-Spiele $\Gamma(A, B)$ werden beschrieben durch die Auszahlungsmatrizen $A, B \in R^{m \times n}$ der beiden Spieler. Spieler I verfügt über m Strategien (Zeilen-Spieler), Spieler II über n Strategien (Kolonnen-Spieler).

Falls Spieler I seine i-te und Spieler II seine j-te Strategie spielen, so sind

a_{ij} := Gewinn für Spieler I $((a_{ij}) := A)$

b_{ij} := Verlust für Spieler II $((b_{ij}) := B)$

Die beiden Spieler versuchen jene gemischte Strategie zu bestimmen, welche den erwarteten Gewinn maximiert resp. Verlust minimiert.

Die Vektoren $x = (x_1 \ldots, x_m)$ mit $x \geq 0$, $e_m \cdot x = 1$ (*), resp. $y = (y_1, \ldots, y_n)$, $y \geq 0$, $e_n \cdot y = 1$, bestimmen gemischte Strategien der beiden Spieler; x_i bezeichnet die Wahrscheinlichkeit, mit welcher Spieler I seine i-te Strategie spielt, ebenso y_j für den Spieler II.

Für gegebene gemischte Strategien x, y lassen sich die erwarteten Auszahlungen bestimmen

$E(A) := a(x,y) := x^T Ay$ (erwarteter Gewinn für I)

$E(B) := b(x,y) := x^T By$ (erwarteter Verlust für II)

(a, resp. b bezeichnen hier Funktionen.)

Definition

Ein Paar gemischter Strategien $(\bar{x}, \bar{y})$ heisst ein Nash-Gleichgewichtspunkt, falls für alle gemischten Strategien x, y gilt

(33) $$a(\bar{x}, \bar{y}) \geq a(x, \bar{y})$$
$$b(\bar{x}, \bar{y}) \leq b(\bar{x}, y)$$

Lemma I.6.2

$(\bar{x}, \bar{y})$ ist ein Gleichgewichtspunkt von $\Gamma(A, B)$ genau, wenn

(34) $$\bar{a} e_m \geq A\bar{y}\,, \qquad \bar{a} := \bar{x}^T A\bar{y}$$
$$\bar{b} e_n \leq B^T\bar{x}, \qquad \bar{b} := \bar{x}^T B\bar{y}\,.$$

(*) $e_n := (1, 1, \ldots, 1) \in R^n$

Beweis

Aus (33) folgt (34), wenn man für x, resp. y, alle Verteilungen der Form $x = (0, 0, .., 1, .., 0)$ wählt (d.h. alle reinen Strategien). Aus (34) folgt (33), indem man mit einer beliebigen gemischten Strategie x, resp. y, das Skalarprodukt bildet:

$$x \cdot (\bar{a}\, e_m) \geq x \cdot A\bar{y}$$

$$y \cdot (\bar{b}\, e_n) \leq y \cdot B^T \bar{x}$$

Da $x \cdot e_m = y \cdot e_n = 1$, folgt daher (33). Δ

Durch Hinzufügen einer Konstanten in allen Elementen der Auszahlungsmatrix A resp. B, wird die erwartete Auszahlung um genau diese Konstante verändert, d.h. die Nash-Gleichgewichtspunkte bleiben dieselben. Ohne Einschränkung der Allgemeinheit kann daher $A > 0$, $B > 0$ angenommen werden.

Lemma I. 6. 3

Falls (x^*, y^*) das Komplementaritätsproblem

$$(35) \qquad \begin{pmatrix} u \\ v \end{pmatrix} = \begin{pmatrix} e_m \\ -e_n \end{pmatrix} + \begin{pmatrix} 0 & -A \\ B^T & 0 \end{pmatrix} \begin{pmatrix} x \\ y \end{pmatrix}$$

$$\binom{u}{v} \geq 0, \quad \binom{x}{y} \geq 0, \quad \binom{u}{v} \cdot \binom{x}{y} = 0$$

löst, so ist

$$(36) \qquad (\bar{x}, \bar{y}) := (x^*/e_m \cdot x^*\,,\; y^*/e_n \cdot y^*)$$

ein Nash-Gleichgewichtspunkt von $\Gamma(A, B)$.

Falls $A > 0$, $B > 0$, so besteht eine eineindeutige Beziehung zwischen Lösungen (x^*, y^*) von (35) und Gleichgewichtspunkten $(\bar{x}, \bar{y})$ von $\Gamma(A, B)$. Die Beziehung ist gegeben durch (36) und

$$(37) \qquad (x^*, y^*) := (\bar{x}/\bar{x}^T B\bar{y}\,,\; \bar{y}/\bar{x}^T A\bar{y})$$

Beweis

(i) Es sei (x^*, y^*) eine Lösung zu (35), d.h. (x^*, y^*) genüge

(38) $$e_m - Ay^* \geq 0, \quad x^* \cdot (e_m - Ay^*) = 0, \quad x^* \geq 0$$

(39) $$-e_n + B^T x^* \geq 0, \quad y^* \cdot (-e_n + B^T x^*) = 0, \quad y^* \geq 0 .$$

Aus (39) folgt $x^* \neq 0$ und daher $x^* \cdot e_m > 0$. Nun schliesst man wegen (38) $y^* \neq 0$, d.h. $y^* \cdot e_n > 0$.

(38) und (39) implizieren weiter

(40) $$e_m \geq Ay^*, \quad x^* e_m = x^{*T} Ay^*$$

(41) $$e_n \leq B^T x^*, \; y^* e_n = y^{*T} B^T x^* .$$

Setzt man $\bar{x} := x^*/(e_m \cdot x^*)$, $\bar{y} := y^*/(e_n \cdot y^*)$ in (40), (41) ein, so folgt

(42) $$\begin{aligned} \bar{x}^T A\bar{y}\, e_m &\geq A\bar{y} \\ \bar{x}^T B\bar{y}\, e_n &\leq B^T \bar{x} \end{aligned}$$

Nach Lemma I.6.2 ist daher $(\bar{x}, \bar{y})$ ein Gleichgewichtspunkt.

(ii) Es sei $(\bar{x}, \bar{y})$ ein Gleichgewichtspunkt von $\Gamma(A, B)$ mit $A > 0$, $B > 0$. Dann folgt $\bar{a} := \bar{x}^T A\bar{y} > 0$, $\bar{b} := \bar{x}^T B\bar{y} > 0$.

Setzt man $x^* := \bar{x}/\bar{b}$, $y^* := \bar{y}/\bar{a}$, so impliziert Lemma I.6.2:

$$\begin{aligned} e_m &\geq Ay^* & x^* (e_m - Ay^*) &= 0 \\ e_n &\leq B^T x^* & y^* (-e_n + B^T x^*) &= 0 \end{aligned}$$

(x^*, y^*) ist daher eine Lösung von (35). Δ

In Eaves (1971a) wird bewiesen, dass Matrizen der Form $M = \begin{pmatrix} 0 & -A \\ B^T & 0 \end{pmatrix}$ mit $A > 0$, $B > 0$ zur Klasse L gehören. Damit ist aber der folgende Satz konstruktiv beweisbar.

Satz I. 6.4

Jedes Zweimatrizen-Spiel $\Gamma(A, B)$ besitzt einen Nash-Gleichgewichtspunkt.

Beweis

O.B.d.A. sei $A > 0$, $B > 0$. Die Zulässigkeit des Komplementaritätsproblems (35) ist dann evident. Da die Matrix

$$M = \begin{pmatrix} 0 & -A \\ B^T & 0 \end{pmatrix}$$

zu L gehört, folgt aus Satz I. 5.5 die Existenz einer komplementären Lösung zu (35) und aus Lemma I. 6.3 daher die Existenz eines Nash-Gleichgewichtspunktes. Δ

Satz I. 6.4 wurde erstmals von Nash mit Hilfe des Fixpunktsatzes von Brouwer bewiesen. Für die dazu verwendete spezielle Abbildung ist der Lemke-Algorithmus also ein Verfahren zur Bestimmung dieses Fixpunktes.

Ein Leontief-Modell

In einer Wirtschaft werden n Produkte i hergestellt. Zur Produktion einer Einheit des Produkts j werden $a_{ij} \geq 0$ Einheiten des Produkts i benötigt. Weiter besteht eine externe Nachfrage (oder Vorrat) von b_i Einheiten nach dem Produkt i; ($b_i > 0$: Nachfrage; $b_i < 0$: Vorrat).

Unter der Annahme, dass über eine einzige Zeitperiode produziert wird, kann die Produktion in dieser Wirtschaft durch das folgende Input-Output-Modell beschrieben werden:

Die vom Produkt i produzierte Menge sei x_i, $i = 1, \ldots, n$, $(x_i \geq 0)$.

$\sum_{j=1}^{n} a_{ij} x_j :=$ Menge des Guts i, welche benötigt wird, um $x = (x_1, \ldots, x_n)$ herzustellen.

(43) $\quad x_i - \sum_{j=1}^{n} a_{ij} x_j \geq b_i, \quad i = 1, \ldots, n;$ die produzierte Menge soll die Nachfrage befriedigen.

In Matrixnotation wird (43) zu

(44) $$(I - A)x \geq b, \quad x \geq 0$$

Man setze $L := I - A$, und es sollen nun die ökonomischen Implikationen des Problems $(-b|L)$, d.h.

(45) $$Lx \geq b, \; x \geq 0; \; x \cdot (Lx - b) = 0$$

untersucht werden.

Sei x^* eine komplementäre Lösung zu $(-b|L)$, dann gilt für $i = 1, \ldots, n$:

(i) $x_i^* \geq \sum a_{ij} x_j^* + b_i$ (x^* genügt komponentenweise der Nachfrage)

(ii) $x_i^* (x_i^* - (\sum a_{ij} x_j^* + b_i)) = 0$

Falls $x_i^* > 0$ folgt, dass die Produktion genau die Nachfrage erfüllt, d.h. $x_i^* = \sum a_{ij} x_j^* + b_i$.

Falls aber $x_i^* = 0$, dann gilt bloss $-b_i \geq \sum a_{ij} x_j^*$, was impliziert, dass $b_i \leq 0$ ist. D.h., dass $|b_i|$ Einheiten vorrätig sind und für die Produktion der übrigen Produkte ausreichen und daher keine Produktion des Produkts i nötig ist.

Matrizen der Form $L = I - A$ mit $A \geq 0$ sind im Zusammenhang mit ökonomischen Modellen ausführlich untersucht worden. Die Matrizen L gehören einer allgemeineren Klasse an, welche von Fiedler und Ptak studiert wurden. Diese veröffentlichten eine ausführliche Untersuchung über Matrizen mit nichtpositiven Aussendiagonalelementen.

Definition

$M \in R^{n \times n}$ heisst eine Z-Matrix, falls alle Aussendiagonalelemente von M nichtpositiv sind, d.h. $m_{ij} \leq 0$ für $i \neq j$; $i, j = 1, \ldots, n$.

Offensichtlich ist $L \in Z$. Die Klasse Z besitzt wichtige Eigenschaften, welche die Lösung von Komplementaritätsproblemen $(q|M)$ mit $M \in Z$ sehr vereinfacht:

Satz I.6.5

Falls M eine Z-Matrix ist, sind die folgenden Eigenschaften äquivalent:

(i) M ist eine P-Matrix

(ii) $M^{-1} \geq 0$

(iii) Das System $Mx > 0$, $x \geq 0$ besitzt eine Lösung.

Beweis

M. Fiedler, V. Ptak (1962). Δ

Wie Chandrasekaran (1970) zeigte, lässst sich ein geschickter und instruktiver Algorithmus angeben, welcher beweist, dass $Z \subset K$.

Es sei $M \in Z$ angenommen. Man sucht Lösungen des Systems $(q|M)$. Es sei angenommen, dass q_1 die negativen und q_2 die nichtnegativen Komponenten von q enthält. In partitionierter Form lässt sich das Gleichungssystem schreiben als

(46) $$\begin{pmatrix} w_1 \\ w_2 \end{pmatrix} = \begin{pmatrix} q_1 \\ q_2 \end{pmatrix} + \begin{pmatrix} M_{11}, & M_{12} \\ M_{21}, & M_{22} \end{pmatrix} \begin{pmatrix} z_1 \\ z_2 \end{pmatrix} \;;\; q_1 < 0,\ q_2 \geq 0$$

Falls das System (46) zulässig ist, gilt

(47) $$M_{11}z_1 = w_1 - q_1 - M_{12}z_2 > 0, \quad \text{da } M_{12} \leq 0.$$

Da $M_{11} \in Z$, kann (47) nur für $z_1 > 0$ erfüllt werden. Dies impliziert nun, dass das System $M_{11}x > 0$, $x > 0$ eine Lösung besitzt, und da $M_{11} \in Z$, folgt aus Satz I.6.5 $M_{11}^{-1} > 0$.

Setzt man die Zulässigkeit von $(q|M)$ voraus, lassen sich daher alle Variablen z_1 im Austausch gegen die Variablen w_1 in die Basis bringen, z. B. mit Hilfe eines Blockaustauschverfahrens.

Das Gleichungssystem (47) löst man explizite nach z_1 auf, d.h.

(48) $$z_1 = M_{11}^{-1}(w_1 - q_1 - M_{12}z_2)$$

und setzt dies in (46) ein:

(49) $$\begin{pmatrix} z_1 \\ w_2 \end{pmatrix} = \begin{pmatrix} q_1^1 \\ q_2^1 \end{pmatrix} + \begin{pmatrix} M_{11}^1, & M_{12}^1 \\ M_{21}^1, & M_{22}^1 \end{pmatrix} \begin{pmatrix} w_1 \\ z_2 \end{pmatrix}$$

Dabei ist wegen $M_{11}^{-1} > 0$

(50)
$$\begin{aligned} q_1^1 &= -M_{11}^{-1} \cdot q_1 > 0, \quad \text{da } q_1 < 0 \\ M_{11}^1 &= M_{11}^{-1} > 0 \\ M_{12}^1 &= -M_{12} \cdot M_{11}^{-1} \geq 0, \quad \text{da } M_{12} \leq 0 \\ M_{21}^1 &= M_{21} \cdot M_{11}^{-1} \leq 0, \quad \text{da } M_{21} \leq 0 \\ M_{22}^1 &= (M_{22} - M_{21}\, M_{11}^{-1} \cdot M_{12}) \in Z \end{aligned}$$

Man wendet nun die gleiche Analyse für

(51) $$w_2 = (q_2^1 + M_{21}^1 w_1) + M_{22}^1 z_2$$

an, für irgend ein <u>festes</u> $w_1 \geq 0$.

Setzt man bei diesem Verfahren die Zulässigkeit von $(q|M)$ voraus, so lässt sich sukzessive die oben beschriebene Reduktion durchführen. Man bricht das Verfahren ab, falls (allgemein) ein q_2^1 gefunden wird, welches nichtnegativ ist. Für eine komplementäre Lösung setzt man jene $w_i = 0$, für welche $z_i > 0$ als notwendig für eine zulässige Lösung erkannt wurde und man setzt $w_2 = q_2^1$, $z_2 = 0$ für das letzte untersuchte Teilsystem der Form (51). Daher folgt $Z \subset K$. Falls Unzulässigkeit auftritt, so erscheint dies offensichtlich im Tableau.

Dazu sei das folgende numerische Beispiel betrachtet

	z_1	z_2	z_3	z_4	z_5	z_6	1
$w_1 =$	2	-1	0	-1	-1	0	-2
$w_2 =$	0	2	-1	0	-1	-1	-1
$w_3 =$	-1	0	2	-1	-1	0	-2
$w_4 =$	0	-1	0	2	-1	-1	-1
$w_5 =$	-1	0	0	-1	-1	0	6
$w_6 =$	0	0	-1	-1	-1	0	5

Falls das System zulässig ist, müssen sich die Variablen w_1, w_2, w_3, w_4 mit den Variablen z_1, z_2, z_3, z_4 austauschen lassen. Führt man die Austauschschritte in der Reihenfolge $(w_1, z_1), (w_2, z_2), (w_3, z_3), (w_4, z_4)$ durch, so erhält man

	w_1	w_2	w_3	w_4	z_5	z_6	1
z_1 =	+ .64	+ .55	+ .27	+ .45	+ 1.91	+ 1.00	2.82
z_2 =	+ .18	+ .73	+ .36	+ .27	+ 1.55	+ 1.00	2.09
z_3 =	+ .36	+ .45	+ .73	+ .55	+ 2.09	+ 1.00	3.18
z_4 =	+ .09	+ .36	+ .18	+ .64	+ 1.27	+ 1.00	1.55
w_5 =	- .73	- .91	- .45	- 1.09	- 4.18	- 2.00	1.64
w_6 =	- .45	- .82	- .91	- 1.18	- 4.36	- 2.00	.27

Das erhaltene Tableau ist zulässig, d.h. $w^* = (0, 0, 0, 0, 1.64, 0.27)$, $z^* = (2.82, 2.09, 3.18, 1.55, 0, 0)$ ist eine Lösung des Problems. Δ

Blockaustauschverfahren zur Lösung von Komplementaritätsproblemen sind ausführlich beschrieben in R. W. Cottle, G. B. Dantzig (1967, 1968).

I.7 Geometrische Interpretation des linearen Komplementaritätsproblems

Sowohl das Komplementaritätsproblem wie auch der Lemke-Algorithmus lassen sich geometrisch anschaulich interpretieren.

Es sei daran erinnert, dass das Aufsuchen einer Lösung zu $(q|M)$ auf die Bestimmung einer komplementären Basis von $(I, -M)$ hinausläuft, d. h., man sucht eine Matrix $(I, -M)_\beta$ mit:

(i) $(I, -M)_\beta$ regulär

(ii) $(i, i+n) \not\subset \beta$ für $i = 1, \ldots, n$

(iii) $(I, -M)_\beta^{-1} q \geq 0$.

Definition

Der Kegel, aufgespannt von den Vektoren $A_1, \ldots, A_m \in R^n$, ist die Menge der Punkte

$$\{x \in R^n \mid x = \sum_{i=1}^{m} \lambda_i A_i ; \quad \lambda_i \geq 0, \quad i = 1, \ldots, m\} .$$

Lemma I.7.1

Es sei B eine reguläre Matrix und K der von den Kolonnen von B aufgespannte Kegel. Dann ist $x \in K$ genau, wenn $B^{-1}x \geq 0$ ist.

Beweis: trivial

Die Beziehung (iii) impliziert, dass q im Kegel liegt, welcher von den Kolonnen einer komplementären Basismatrix gebildet wird. Aus der Beziehung (ii) sieht man, dass entweder der i-te Einheitsvektor oder die i-te Kolonne der Matrix -M (aber nie beide) diesen Kegel aufspannen dürfen. Es gibt höchstens 2^n komplementäre Kegel, d.h. Kegel, welche aus den Kolonnen einer Matrix gebildet werden, welche (i) und (ii) erfüllen.

Zur Matrix $M = \begin{pmatrix} 1 & 2 \\ 1 & -1 \end{pmatrix}$ sind in der Figur 2 alle komplementären Kegel eingezeichnet.

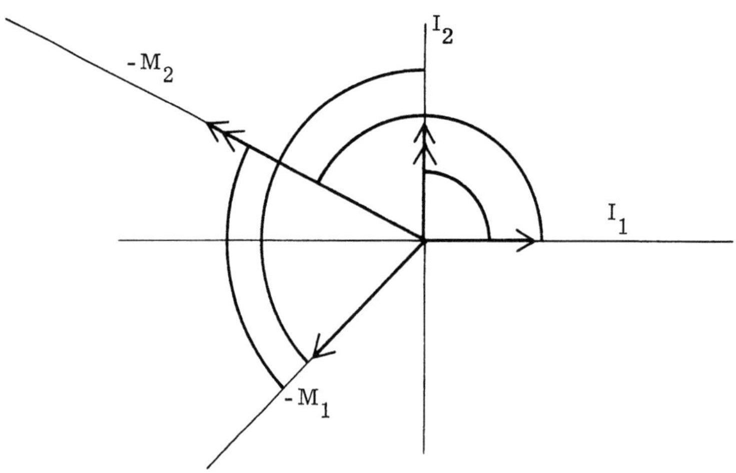

Fig. 2

Die 4 Kegel werden aufgespannt durch folgende Vektorenpaare (I_1, I_2), $(I_1, -M_2)$, $(I_2, -M_1)$, $(-M_1, -M_2)$. Damit das Komplementaritätsproblem eine Lösung besitzt, muss q in einem dieser komplementären Kegel liegen. K_β bezeichne den komplementären Kegel, aufgespannt durch die Kolonnenvektoren von $(I, -M)_\beta$. Dann gilt: (q| M) besitzt genau dann eine Lösung, wenn $q \in \bigcup_\beta K_\beta$. Weiter sieht man, dass $M \in Q$ genau dann, wenn $\bigcup_\beta K_\beta = R^n$.

Lemma I. 5. 2 besitzt demnach folgende geometrische Form:

$M \in P$ genau dann, falls $\bigcup_\beta K_\beta = R^n$ und $\text{int}\,(K_{\beta_1}) \cap \text{int}\,(K_{\beta_2}) = \emptyset$ für $\beta_1 \neq \beta_2$.

(int (.) bezeichnet dabei das Innere einer Menge.)

Der Lemke-Algorithmus arbeitet mit dem erweiterten System (d| q| M). Es sei der Strahl $s = \{x \in R^n \mid x = q + z_0 d,\ z_0 \geq 0\}$ und die Menge der durch M definierten komplementären Kegel K_β betrachtet.

Im Initialschritt wird der Durchstosspunkt des Strahls s mit dem komplementären Kegel K_β-gebildet aus den Einheitsvektoren (nichtnegativen Orthanten)-bestimmt. Im nichtdegenerierten Fall liegt dieser Durchstosspunkt in einer eindeutig bestimmten (n-1)-dimensionalen Grenzfläche des Kegels, d.h. in einem von (n-1) Vektoren aufgespannten Kegel. Einer der n Vektoren, welche K_β aufspannen, wird nicht zur Erzeugung dieser Grenzfläche benützt. Man ermittelt nun den Durchstosspunkt des Strahls s mit dem komplementären Kegel, bestimmt aus den (n-1) Vektoren dieser Grenzfläche, sowie dem Komplement des nicht benützten Vektors. Falls kein weiterer Durchstosspunkt existiert, so endet der Algorithmus entweder mit einer komplementären Lösung (Figur 3) oder mit einem sekundären Strahl (Figur 4).

In R. Saigal (1970) sind weitergehende geometrische Interpretationen des Lemke-Algorithmus enthalten. K. G. Murty (1972) untersuchte ebenfalls die geometrischen Strukturen des Komplementaritätsproblems und bestimmte für gewisse Klassen von Matrizen die Anzahl Lösungen (siehe Lemma I. 5. 2).

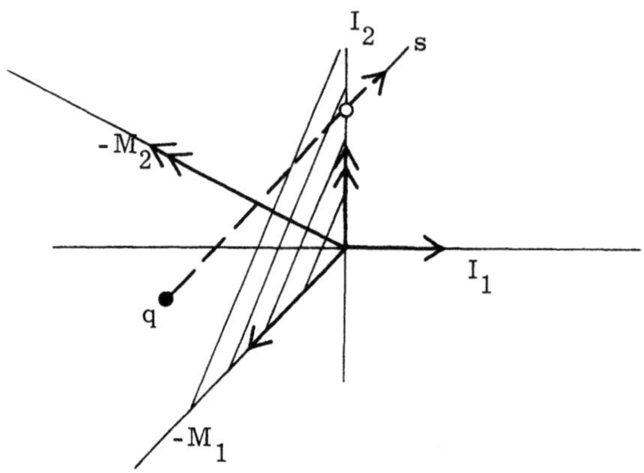

Fig. 3

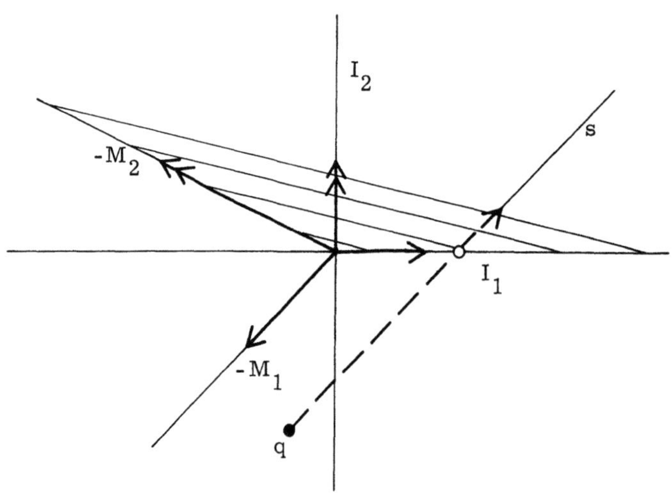

Fig. 4

I.8 Neuere Forschungsresultate

Algorithmen zur Lösung speziell strukturierter Probleme sind von verschiedenen Forschern untersucht worden (R. Chandrasekaran (1970), A. Rao (1972), C.W. Cryer (1971)). Insbesondere entwickelte C.W. Cryer (1971) einen Algorithmus zur Lösung grosser, wohlstrukturierter Probleme mit Hilfe eines Ueberrelaxationsverfahrens.

Q-Matrizen und K-Matrizen (Definition siehe I.4) sind Gegenstand vieler Studien (S. Karamardian (1972), A. Rao (1972), A. Tamir (1973), (1974)). Meistens wird in diesen Arbeiten ebenfalls die Frage nach der Anwendbarkeit des Lemke-Algorithmus behandelt. Seit der Entwicklung dieses Algorithmus ist die Anzahl Lösungen von $(q|M)$ eine häufig diskutierte Frage. K.G. Murty (1972) bewies, dass die Anzahl Lösungen genau dann endlich ist, falls M und q eine bestimmte Nichtdegeneriertheit besitzen. Weitere Untersuchungen darüber sind enthalten in C.E. Lemke (1965) und R. Saigal (1972).

Parametrische lineare Komplementaritätsprobleme wurden von R.W. Cottle ((1972), (1975)) im Zusammenhang mit Fragen aus der strukturellen Mechanik analysiert.

Folgende, interessant scheinende Fragen, sind noch offen:

- Numerische und theoretische Untersuchungen über die Anzahl Iterationen (insbesondere über den Einfluss des künstlichen Vektors $d > 0$);
- Stabilitätsfragen;
- Aufsuchen aller Lösungen zu $(q|M)$;
- Grosse lineare Komplementaritätsprobleme, Verwendung von Dekompostionsverfahren.

I.9 Das nichtlineare Komplementaritätsproblem

Im Gegensatz zur linearen Komplementaritätsaufgabe wurden erst 1973 spezielle Algorithmen zur Lösung nichtlinearer Probleme $[f|R^n_+]$ entwickelt. Alle Algorithmen (Fisher und Gould (1973), Garcia (1973) und Lüthi (1973)) benützen eine ursprünglich von H. Scarf (1967) stammende Idee. Scarf erkannte, dass die simpliziale Zerlegung eines Simplex formale Eigenschaften besitzt, welche eine dem Pivotieren im Lemke-Algorithmus entsprechende Operation erlauben. Darauf basierend entwickelte er einen konstruktiven Beweis des berühmten Fixpunktsatzes von Brouwer unter Benützung des Lemmas I.2.1. Der zweite Teil dieser Arbeit befasst sich ausführlich mit diesem Verfahren.

Die erwähnten Algorithmen beruhen alle auf einigen grundlegenden Eigenschaften von Komplementaritätsproblemen, welche erstmals von Karamardian (1971) und Eaves (1971) erkannt wurden. Es handelt sich dabei um die Beziehung zwischen stationären Punkten und Lösungen zu $[f|R^n_+]$.

Karamardian (1971) zeigte, dass das Problem $[f|R^n_+]$ ein Spezialfall eines allgemeineren Variationsproblems ist:

Für eine gegebene nichtleere, abgeschlossene, konvexe Menge $C \subset R^n$ finde man ein $\bar{x} \in C$ derart, dass

(52) $$f(\bar{x}) \cdot (x - \bar{x}) \geq 0 \quad \text{für alle } x \in C,$$

wobei $f\colon C \to R^n$ eine gegebene Funktion ist.

Definition

Eine Lösung des Variationsproblems (52) heisst ein stationärer Punkt des Paares (f, C).

Man bemerkt, dass stationäre Punkte im gewöhnlichen Sinne für das Optimierungsproblem

$$\min_{x \in C} g(x), \qquad g \text{ differenzierbar}$$

mit den stationären Punkten des Paares $(\nabla g, C)$ übereinstimmen. Variationsprobleme treten ebenfalls auf im Zusammenhang mit der Existenz von Lösungen zu Randwertaufgaben, sh. G. Stampacchia (1966, 1967).

Das Problem, einen stationären Punkt des Paares (f, R^n_+) zu bestimmen, ist äquivalent zur Bestimmung einer Lösung von $[f|R^n_+]$:

Satz I. 9.1

Ein Punkt $x \in R^n_+$ ist genau dann ein stationärer Punkt von (f, R^n_+), $f: R^n_+ \to R^n$, falls $f(x) \in R^n_+$ und $x \cdot f(x) = 0$.

Beweis

Es gilt

$$\inf_{y \in R^n_+} \{(y-x)\cdot f(x)\} = \inf_{y \in R^n_+} \{y \cdot f(x)\} - x \cdot f(x).$$

Diese Gleichung zeigt sofort, dass die angegebene Bedingung hinreichend ist für die Stationarität.

Ist x hingegen ein stationärer Punkt von (f, R^n_+), dann muss für alle $y \in R^n_+$

(53) $$(y-x)\, f(x) \geq 0 \; .$$

gelten.

Für $y = x + e_i$, wobei e_i den i-ten Standardbasisvektor von R^n bezeichnet, erhält man aus (53)

$$e_i \cdot f(x) = f_i(x) \geq 0 \, .$$

Da dies für alle $i \in \{1, \dots, n\}$ gilt, schliesst man $f(x) \geq 0$ und damit auch $x \cdot f(x) \geq 0$. Zudem gilt für alle $x \in R^n_+$

$$x \cdot f(x) \leq \inf_{y \in R^n_+} \{y \cdot f(x)\} \leq 0 \cdot f(x) = 0 ,$$

d.h. die angegebene Bedingung ist notwendig. Δ

Es sei $D^k_n = \{x \in R^n_+ \,|\, x \cdot d \leq k\}$; dabei ist $d > 0$ ein (positiver) Vektor aus R^n_+ und $k \in R^1_+$.

Stationäre Punkte für das Paar (f, D^n_k) sind Lösungen eines speziellen Komplementaritätsproblems.

Satz I. 9. 2

Ein Punkt $x \in R^n_+$ ist genau dann ein stationärer Punkt von (f, D^n_k), falls es ein $y \in R^n_+$ und ein $z \in R^1_+$ gibt, so dass

(54)
$$f(x) = y - dz$$
$$x \cdot d \leq k$$
$$x \cdot y = 0, \quad z(k - x \cdot d) = 0 .$$

Beweis

Die Notwendigkeit der Beziehung folgt unmittelbar aus der Anwendung der Kuhn-Tucker-Bedingungen auf das lineare Optimierungsproblem (bei festem x)

$$\min \; y \cdot f(x)$$

unter den Nebenbedingungen

$$y \cdot d \leq k$$
$$y \geq 0$$

und daraus, dass $y = x$ eine Optimallösung sein soll.

Für ein lineares Optimierungsproblem sind die Kuhn-Tucker-Bedingungen aber ebenfalls hinreichend. Daraus folgt die Umkehrung des Satzes. Δ

Ist in (54) $x \cdot d < k$, so muss x ein stationärer Punkt von (f, R^n_+) sein. Umgekehrt gilt: Falls x ein stationärer Punkt von (f, R^n_+) ist und $x \cdot d \leq k$, so ist x auch ein stationärer Punkt von (f, D^n_k).

In der Figur 5 ist die Menge der stationären Punkte einer Abbildung $f\colon R^2_+ \to R^2$ für $k \geq 0$ und $d^T = (1, 1)$ dargestellt. Die Menge der stationären Punkte lässt sich in diesem Beispiel charakterisieren durch

$$S_1 := \{(x_1, x_2) \mid x_1 \geq 0, \; x_2 = 0, \; f_1(x_1, 0) \leq 0, \; f_2(x_1, 0) > 0\} ,$$

$$S_2 := \{(x_1, x_2) \mid f_1(x_1, x_2) = f_2(x_1, x_2) \leq 0\} .$$

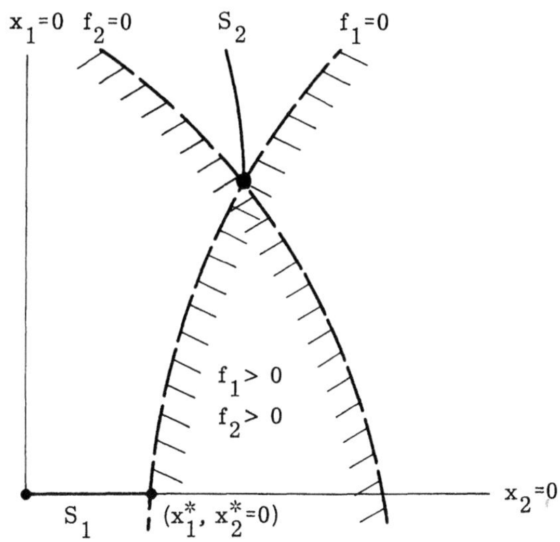

Fig. 5

Eine zusammenhängende Menge (S_1) von stationären Punkten führt, ausgehend vom Nullpunkt, zur komplementären Lösung (x_1^*, $x_2^* = 0$), ($f_1(x_1^*, x_2^*) = 0$, $f_2(x_1^*, x_2^*) > 0$).

Dass diese Eigenschaft für stetige Funktionen f immer gilt, hat Eaves (1971c) mit Hilfe eines kürzlich von F.E. Browder (1960) entdeckten dynamischen Fixpunktsatzes bewiesen.

Satz I. 9. 3

Es sei f: $R_+^n \to R^n$ eine stetige Abbildung. Dann gibt es eine abgeschlossene, zusammenhängende Menge S in R_+^n derart, dass

(i) jeder Punkt $x \in S$ mit $x \cdot d = k$ ein stationärer Punkt des Paares (f, D_k^n) ist, und

(ii) zu jedem $k \in R_+^1$ es einen Punkt $x \in S$ gibt, welcher ein stationärer Punkt von (f, D_k^n) ist.

Beweis (siehe Eaves (1971c)).

Korollar zu Satz I. 9. 3

Es sei f: $D_k^n \to R^n$ eine stetige Abbildung. Dann besitzt (f, D_k^n) einen stationären Punkt.

(Karamardian (1969) benutzte erstmals das vorangehende Korollar, um die Existenz von Lösungen gewisser Komplementaritätsprobleme zu zeigen.)

Die dem Algorithmus zugrundeliegende Idee ist nun die folgende: Gibt es eine Methode, der Menge S aus Satz I. 9. 3 schrittweise zu folgen, so könnte man möglicherweise einen stationären Punkt des Paares (f, R^n_+) finden. Diese Methode wird dann gut sein, falls die Menge S kompakt ist.

Tatsächlich folgt der Lemke-Algorithmus genau diesem Verfahren für den linearen Fall: Man bemerkt nämlich, dass die Basislösung jeder fast-komplementären Basis einer Lösung des Systems (54) entspricht und alle Punkte zwischen zwei benachbarten Basislösungen ebenfalls (54) erfüllen. Die Menge S lässt sich demnach durch eine stückweise affine Funktion beschreiben, d. h. $S = \{X(t) \mid t \in R^1_+\}$, $X: R^1_+ \to R^n_+$ stückweise affin. Der Lemke-Algorithmus ist daher ein systematisches Verfahren, die Menge S explizite darzustellen (und ebenfalls ein konstruktiver Beweis des Satzes I. 9. 3 für eine affine Funktion f).

Als ein Beispiel nehme man $f(x) = Mx + q$, wobei

$$M = \begin{pmatrix} +1 & +2 \\ -1 & -4 \end{pmatrix}, \quad q = \begin{pmatrix} -2 \\ 0 \end{pmatrix}, \quad d = \begin{pmatrix} 1 \\ 1 \end{pmatrix}$$

(siehe Figur 6)

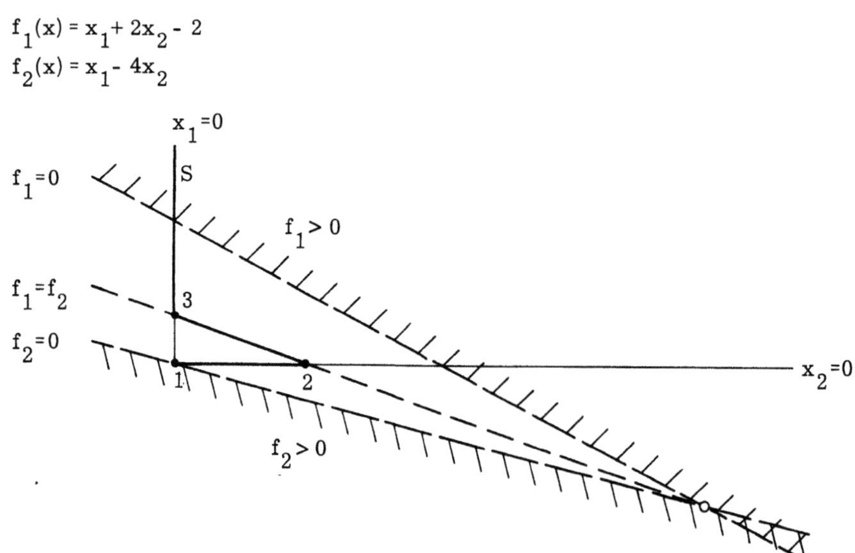

Fig. 6

Das Problem $(q|M)$ besitzt keine Lösung, also ist die Menge S der stationären Punkte unbeschränkt. (Die Umkehrung gilt bekanntlich nur für gewisse Klassen von Matrizen!)

Die stückweise affine Funktion S lässt sich beschreiben durch $X(t): R^1_+ \to R^2$, wobei

$$X(t) = \begin{cases} (t,\ 0) & 0 \le t \le 1 \\ (2-t,\ \frac{1}{3}t - \frac{1}{3}) & 1 \le t \le 2 \\ (0,\ t) & 2 \le t \end{cases}$$

Im Kegel der fast-komplementären Basen entsprechen die Endpunkte (1), (2), (3) der Geradenstücke den aufeinanderfolgenden Basislösungen der durch den Lemke-Algorithmus erzeugten fast-komplementären Basen (siehe Figur 7), beschrieben durch $\beta_1 = \{2, 5\}$, $\beta_2 = \{3, 5\}$, $\beta_3 = \{4, 5\}$. Der nächste Schritt führt zu einem Strahl im Kegel, aufgespannt durch $(-M_2, I_1)$.

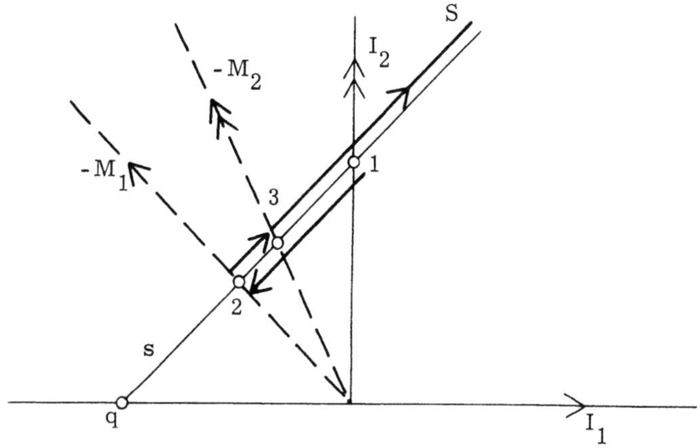

Fig. 7

Für den nichtlinearen Fall lässt sich S nicht so einfach charakterisieren (s. Figur 5). Der im folgenden beschriebene Algorithmus ist eine Methode, einen Weg im R^n_+ zu bestimmen, welcher möglichst "gut" der Menge S folgt: Eine Folge von Simplexen wird erzeugt, welche eine zusammenhängende Menge bilden, und jeder Punkt in dieser Menge erfüllt approximativ die Beziehung (54). Unter gewissen Voraussetzungen kann dann gezeigt werden, dass die so erzeugte Menge beschränkt sein muss. Bevor diese Methode beschrieben wird, sei ein allgemeiner Existenzsatz für Komplementaritätsprobleme formuliert. Dieser beruht auf Satz I. 9. 3 und verallgemeinert Karamardians (1969) Resultate.

Definition

Es sei $D \subset R^n_+$. Eine beschränkte Menge $U \subset (R^n_+ \setminus D)$ separiert D von ∞, falls jede unbeschränkte abgeschlossene zusammenhängende Menge in R^n_+, welche D trifft, ebenfalls U trifft (siehe Figur 8).

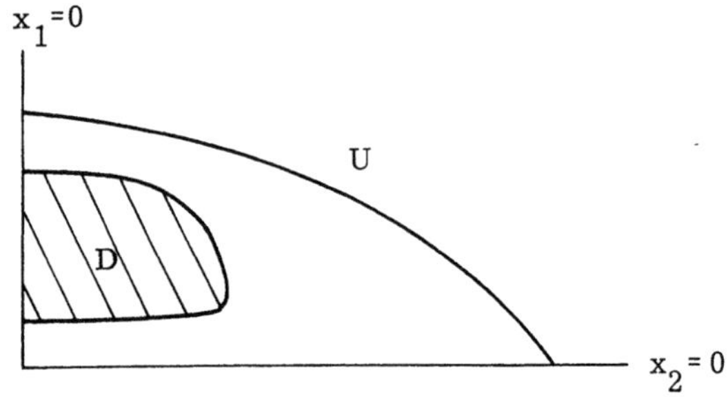

Fig. 8

Unter Benützung dieser Definition lässt sich folgender Existenzsatz (Eaves (1971c)) formulieren:

Satz I. 9. 4

Es sei f: $R^n_+ \to R^n$ eine stetige Abbildung. Falls es eine Menge U, welche D^n_k (für ein $k \geq 0$) von ∞ separiert, gibt derart, dass zu jedem $x \in U$ ein $w \in D^n_k$ existiert mit $w\ f(x) \leq x \cdot f(x)$, dann besitzt $[f \mid R^n_+]$ eine Lösung.

Beweis

Nach Satz I. 9. 3 existiert eine zusammenhängende, abgeschlossene Menge S von stationären Punkten. Falls nun $S \cap U = \emptyset$ ist, so ist S beschränkt und das Resultat folgt.

Sei daher $x \in S \cap U$. Dann ist x eine Lösung zu (54), d.h. es existiert $y \in R^n_+$, $z \in R^1_+$ derart, dass

$$f(x) = y - dz, \quad x \cdot y = 0.$$

Nach den Voraussetzungen gibt es zu jedem $x \in U$ ein $w \in D^n_k$ mit

$$w \cdot d < x \cdot d \quad \text{und}$$

$$w \cdot f(x) \leq x \cdot f(x) .$$

Nun ist

$$w \cdot f(x) = w \cdot (y - dz) = w \cdot y - (w \cdot d)z \quad \text{und}$$

$$x \cdot f(x) = x \cdot (y - dz) = -(x \cdot d)z, \quad \text{da } x \cdot y = 0.$$

Daraus schliesst man $w \cdot y \leq z(k - x \cdot d)$, was wegen der Nichtnegativität von w und y nur für $z = 0$ gelten kann. Δ

Kojima (1974) schwächte die Voraussetzungen von Eaves leicht ab und zeigte mit dem gleichen Beweisverfahren, dass unter den folgenden (schwächeren) Voraussetzungen das Komplementaritätsproblem eine Lösung besitzt:

Satz I. 9. 5

Die Menge $U \subset R^n_+ \setminus \{0\}$ separiere den Ursprung $\{0\}$ von ∞, und zu jedem $x \in U$ gebe es ein $w \in R^n_+$, für welches $w \cdot d < x \cdot d$ und $w \cdot f(x) \leq x \cdot f(x)$ gilt. Dann besitzt $[f, R^n_+]$ eine komplementäre Lösung.

Beweis: Analog zu Satz I. 9. 4.

Der im folgenden beschriebene Algorithmus konvergiert unter einer leicht stärkeren Form von Satz I. 9. 5, indem die Beziehung $w \cdot f(x) \leq x \cdot f(x)$ zu $w \cdot f(x) < x \cdot f(x)$ verstärkt wird.

I. 10 Technik der Triangulation

Die simpliziale Zerlegung (Triangulation) einer Teilmenge des R^n ist ein in der Mathematik gut bekanntes Verfahren, welches beispielsweise für den Beweis gewisser Fixpunktsätze verwendet wurde. Diese Technik war zwar theoretisch sehr brauchbar, konnte aber im allgemeinen zu konstruktiven Zwecken nicht verwendet werden. (Man denke zum Beispiel an das "Sperner"-Lemma.)

1967 entwickelte Scarf erstmals ein konstruktives Verfahren zur Bestimmung eines "Sperner"-Simplex in einer gegebenen Triangulation eines Simplex. Die wesentliche Erkenntnis von Scarf war, dass man "in der Triangulation eines Simplex" pivotieren kann, und dieses Austausch-Verfahren ähnliche Eigenschaften besitzt, wie sie Lemke zum Beweis seines Algorithmus benützte (Lemma I. 2. 1).

Damit wurde die Technik der Triangulation zu einem brauchbaren Instrumentarium der numerischen Mathematik und eröffnete eine neue Klasse numerischer Verfahren, deren Konvergenz sich nicht mehr auf Monotonieeigenschaften stützt.

Im folgenden werden einige grundlegende Begriffe aus der konvexen Analysis als bekannt vorausgesetzt. Es sind dies die affine Hülle einer Menge $C \subset R^n$ (aff(C)), die konvexe Hülle (conv (C)) und das relative Innere (ri(C)). Weiter seien die Dimension einer Menge sowie die affine Unabhängigkeit von Vektoren erklärt. Alle diese Begriffe sind im Anhang II definiert.

Definition

Die konvexe Hülle (m+1) affin unabhängiger Vektoren $b_0, \dots, b_m$ aus R^n heisst m-dimensionales Simplex (kurz m-Simplex), und $b_0, \dots, b_m$ heissen Eckpunkte des Simplex.

Definition

Das Simplex s' heisst Grenzfläche des Simplex s, falls die Eckpunkte von s' eine Teilmenge der Eckpunkte von s sind.

Insbesondere ist jedes Simplex Grenzfläche von sich selbst; eine (m-1)-dimensionale Grenzfläche eines m-Simplex heisst Facette.

Lemma I. 10. 1

Die Menge $S := \{x \in R^n_+ \mid \sum_{i=1}^{n} x_i = 1\}$ ist ein (n-1)-dimensionales Simplex.

Zu jeder (m-1)-dimensionalen Grenzfläche S' ($1 \le m \le n$) von S existiert genau eine (maximale) aufsteigend geordnete Teilmenge von m (verschiedenen) Indices $\{i_1, \dots, i_m\} \subset \{1, \dots, n\}$ derart, dass für alle $x \in ri(S')$ gilt

$$x_{i_1}, x_{i_2}, \dots, x_{i_m} > 0 .$$

Beweis

(i) Es bezeichne e_i den i-ten Standardbasisvektor. S kann dargestellt werden durch $S = conv(e_1, \dots, e_n)$. Die Vektoren $e_1, \dots, e_n$ sind affin unabhängig, daher besitzt S die Dimension (n-1).

(ii) Es sei $S' = conv(e_{i_1}, \dots, e_{i_m})$ eine (m-1)-dimensionale Grenzfläche von S mit $i_1 < i_2 < \dots < i_m$. (S' kann immer durch die Angabe seiner Eckpunkte eindeutig beschrieben werden.) Dann gilt

$$ri(S') = \{x \in R^n_+ \mid x = \sum_{k=1}^{m} \lambda_k e_{i_k}, \ \sum_{k=1}^{m} \lambda_k = 1, \ \lambda_k > 0, \ k = 1, \dots m\}$$

und daraus sieht man, dass für $x \in ri(S')$ gilt $x_{i_k} > 0$ für $k = 1, \dots, m$. Δ

Korollar zu I.10.1

Die Menge $S(k) = \{x \in R^n_+ \mid \sum_{i=1}^{n} x_i = k\}$ ist ein (n-1)-dimensionales Simplex.

Auf einer Grenzfläche S' eines Simplex S(k) ist also $x_j = 0$ für $j \in \{1, \dots, n\} \setminus \{i_1, \dots, i_m\}$.

Definition

Gegeben sei eine Menge T von Simplexen. T heisst eine Triangulation (simpliziale Zerlegung) einer Menge $C \subset R^n$, wenn gilt

(i) falls $s \in T$, so sind alle Grenzflächen von s ebenfalls in T

(ii) $ri(s_1) \cap ri(s_2) = \emptyset$ für alle $s_1 \neq s_2$; $s_1, s_2 \in T$

(iii) $\bigcup_{s \in T} ri(s) = C$

In unserem Kontext genügt es, Triangulationen eines Simplex, des positiven Orthanten R^n_+ und des R^n zu betrachten. Für allgemeinere Triangulationen sei auf die in der algebraischen Topologie behandelten simplizialen Komplexe verwiesen (Spanier: Algebraic Topology (1966)).

Es sei erwähnt, dass für beschränkte Mengen C die Triangulation eine <u>endliche</u> Menge ist.

Definition

Es sei T eine Triangulation einer Menge. Der <u>Durchmesser</u> δ von T ist definiert durch

$$\delta(T) := \sup \{ \|x - x'\|, \mid x, x' \in s;\ s \in T \} .$$

Für eine Triangulation eines m-Simplex gelten die folgenden wichtigen Eigenschaften, auf deren Beweis wir hier verzichten (siehe Spanier (1966)).

Lemma I.10.2

Gegeben sei eine Triangulation T eines (n-1)-Simplex S.
Dann gilt:

(i) Auf jeder Grenzfläche S' von S ist durch $T' = \{s \in T \mid s \subset S'\}$ eine Triangulation von S' definiert.

(ii) Jedes Element der Triangulation ist Grenzfläche eines (n-1)-Simplex aus T.

(iii) Jedes (n-2)-Simplex $t \in T$ ist Grenzfläche von höchstens zwei (n-1)-Simplexen aus T, genauer:

- falls t enthalten ist in einer Grenzfläche von S, dann gibt es <u>genau</u> <u>ein</u> (n-1)-Simplex aus T, welches t als Facette besitzt,
- falls t nicht enthalten ist in einer Grenzfläche, dann gibt es <u>genau</u> <u>zwei</u> (n-1)-Simplexe, welche t als Facette besitzen.

Figur 9 soll das Konzept der Triangulation erklären und ebenfalls zum besseren Verständnis des Lemmas I.10.2 dienen.

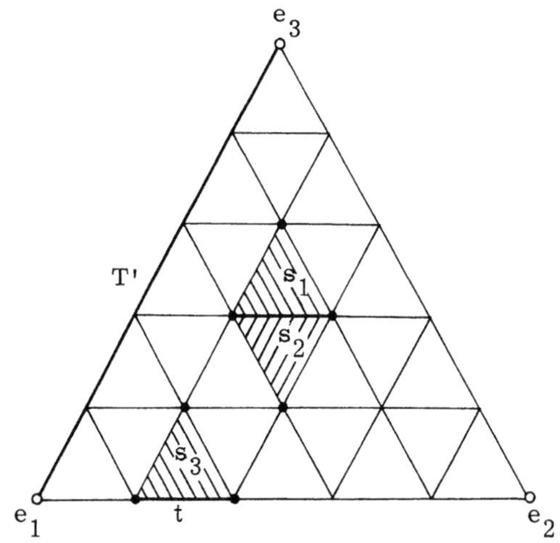

T' ist die von T auf der Grenzfläche conv(e_1, e_3) induzierte Triangulation; die 2-Simplexe s_1 und s_2 besitzen eine gemeinsame Facette; s_3 besitzt als einziges 2-Simplex t als Facette.

Fig. 9

Für eine Triangulation von $R^n_+ = \{x \in R^n \mid x = \sum_{i=1}^{n} \lambda_i e_i, \lambda_i \geq 0\}$ gelten analog die Eigenschaften, welche in Lemma I.10.2 für ein Simplex beschrieben wurden. Definiert man nämlich als eine Grenzfläche von R^n_+, charakterisiert durch die Indices $\{i_1, \dots, i_m\} \subset \{1, \dots, n\}$, die Menge

(55) $$R' := \{x \in R^n_+ \mid x = \sum_{k=1}^{m} \lambda_i e_{i_k}, \lambda_i \geq 0\},$$

so behält Lemma I.10.2 seine Gültigkeit.

In Figur 10 ist ein Teil einer Triangulation von R^2_+ dargestellt.

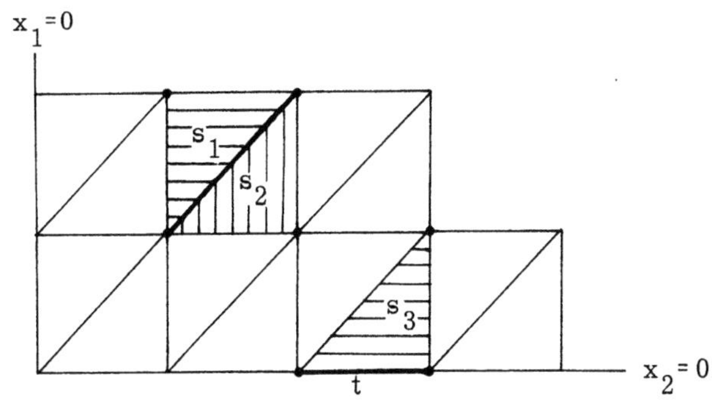

Fig. 10

Kuhn (1968) entwickelte eine sogenannte Standardtriangulation des R^n, welche zur Implementierung auf dem Computer äusserst einfach ist. In I. 15 soll eine Version dieser Triangulation, welche für die hier beschriebenen Verfahren zweckmässig ist, angegeben werden.

Benachbarte Simplexe

Es bezeichne T eine Triangulation eines Simplex S. $s \in T$ sei ein m-Simplex ($m > 0$), welches enthalten ist in einer gleichdimensionalen Grenzfläche S' von S. Nach Lemma I.10.2 ist daher s ein Element der durch T auf S' erzeugten Triangulation T'. Weiter sei V ein beliebiger, aber fest bestimmter Eckpunkt von s; dann bilden die anderen m Eckpunkte eine Facette t von s. Wendet man Lemma I.10.2 auf S', T' an, so gilt: Falls t nicht in einer (m-1)-dimensionalen Grenzfläche von S' enthalten ist, so ist durch t eindeutig ein weiteres m-Simplex $s' \in T'$ definiert, welches t als Facette besitzt. Andernfalls ist $s \in T'$ das einzige Simplex in T', welches t als Facette besitzt.

Dieses eindeutig bestimmte Simplex s' erhält man aus s durch Streichen eines Eckpunktes V und

(i) Hinzufügen eines neuen Eckpunktes $\overline{V}$, welcher nun zusammen mit t das neue Simplex s' bildet (Fall I, siehe Fig. 11)

oder

(ii) kein neuer Eckpunkt wird hinzugefügt. Das neu gebildete Simplex ist t (Fall II, Fig. 12).

Das Hinzufügen eines Eckpunktes erklärt die zu (ii) inverse Operation (vgl. Fig. 12): Es sei das (m-1)-Simplex s enthalten in der (m-1)-dimensionalen Grenzfläche S' von S. S' sei eine Facette von S''. Nach Lemma I.10.2 existiert dann genau ein m-Simplex $s' \in T''$ derart, dass s eine Facette von s' ist (T'' bezeichnet die durch T auf S'' induzierte Triangulation). s' wird erhalten, indem ein neuer Eckpunkt $\overline{V}$ hinzugefügt wird, welcher dann zusammen mit den Eckpunkten von s das neue Simplex s' bildet.

Definition

Es sei s ein m-Simplex der Triangulation T von S, welches in einer m-dimensionalen Grenzfläche S' von S enthalten ist. Ein Simplex $t \in T$ heisst benachbart zu s, falls t erhalten werden kann durch Streichen eines Eckpunktes von s oder durch Hinzufügen eines Eckpunktes.

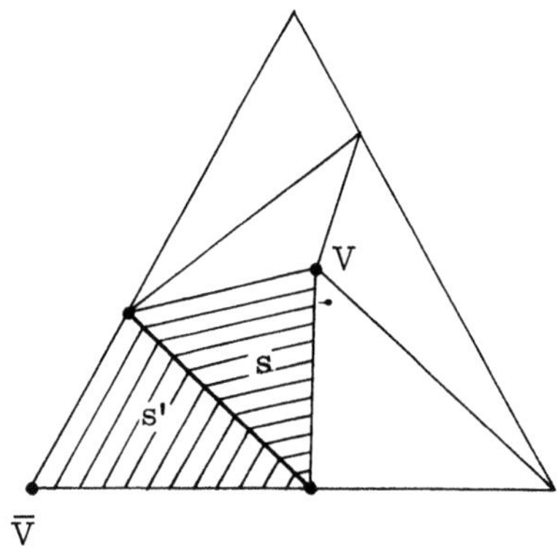

Fig. 11

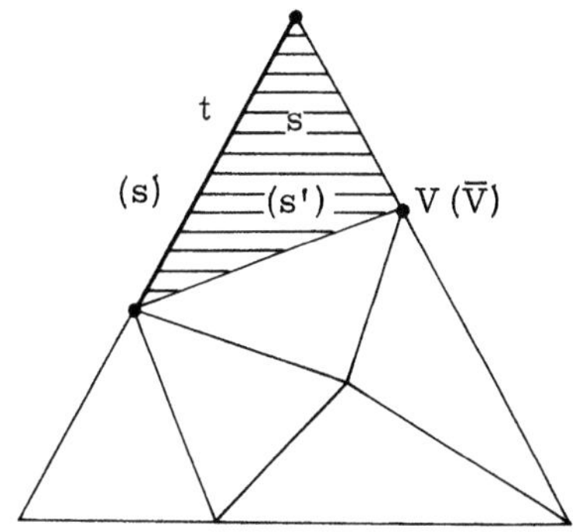

Fig. 12

Mit obenstehender Definition ist nicht zu jedem $s \in T$ ein benachbartes Simplex erklärt, denn nicht jedes m-Simplex der Triangulation ist in einer m-dimensionalen Grenzfläche enthalten.

Falls s benachbart ist zu t, so ist auch t zu s benachbart.

Es ist offensichtlich, dass alle obigen Definitionen und Operationen ebenso erklärt sind für eine Triangulation T von R^n_+. Alle eingangs erwähnten Verfahren beruhen auf diesen Operationen, d.h. es wird durch irgend eine Vorschrift bestimmt, welcher Eckpunkt V gestrichen werden soll, resp. in welcher neuen Grenzfläche man weiterarbeitet. Da weiter nur die durch das Lemma I.10.2 beschriebene Struktur verwendet wird, lassen sich diese Algorithmen auf einer abstrakteren Struktur der sogenannten Pseudomannigfaltigkeiten anwenden. Da diese Verallgemeinerung für die praktische Anwendung keinen Gewinn bringt, sei hier auf ihre Darstellung verzichtet.

I.11 Der Markierungsprozess

Die Idee der Benützung von Markierungen zur Bestimmung gewisser spezieller Simplexe geht auf Sperner zurück, der - mit Hilfe kombinatorischer Ueberlegungen - für eine gewisse Klasse von Markierungen die Existenz eines vollständig beschrifteten Simplex zeigen konnte. (Bekanntlich kann das Sperner-Lemma zum Beweis des Brouwer'schen Fixpunktsatzes verwendet werden.) Nachdem Scarf ein konstruktives Verfahren zur Bestimmung von Sperner-Simplexen entdeckt hatte, lag es nahe, ähnliche Verfahren zur Bestimmung sogenannter komplementärer Simplexe zu verwenden. (Im Teil II wird die Bestimmung von "Sperner"-Simplexen beschrieben werden.)

Für eine genügend feine Triangulation ist ein komplementäres Simplex als Approximation einer komplementären Lösung zu (1) zu betrachten. Analog wie beim Lemke-Algorithmus findet man ein komplementäres Simplex über eine Folge fast-komplementärer Simplexe. Diese fast-komplementären Simplexe haben geometrisch die gleiche Eigenschaft wie die fast-komplementären Basen: sie folgen der im Satz I.9.3 beschriebenen Menge S der stationären Punkte (vgl. Fig. 5, Fig. 6). Allerdings lässt sich S nicht mehr so einfach beschreiben wie im linearen Fall.

Mit der untenstehenden Beschriftungsvorschrift lassen sich komplementäre und fast-komplementäre Simplexe charakterisieren. Der im Abschnitt I.12 angegebene Algorithmus ist ein systematisches Verfahren, eine Kette benachbarter, fast-komplementärer Simplexe zu erzeugen, welche unter gewissen Voraussetzungen durch ein komplementäres Simplex abgeschlossen wird.

Definition

Gegeben sei eine Triangulation T von R^n und eine beliebige Menge L. Eine Markierung (Beschriftung) der Triangulation T ist eine Funktion ℓ

$$\ell : T_E \to L$$

wobei $T_E \subset R^n$ die Menge der Eckpunkte der Simplexe aus T bezeichnet.

Diese Markierung ℓ kann beispielsweise derart definiert werden, dass diejenigen Simplexe aus T ausgezeichnet werden, welche in Beziehung zu einer komplementären Lösung einer Abbildung f stehen.

In diesem Abschnitt werden nur ganzzahlige Markierungen betrachtet, genau gesagt

Markierungen mit $L = \{1, 2, \dots, n+1\}$.

Die folgende spezielle Definition einer Markierung ist im Hinblick auf die Bestimmung einer komplementären Lösung der Abbildung $f\colon R^n_+ \to R^n$ zu verstehen:

$$(56) \qquad \ell(x) = \begin{cases} n+1, & \text{falls } f(x) \geq 0 \\ i\;, & \text{wobei } i \text{ der } \underline{\text{kleinste}} \text{ Index ist, für welchen gilt} \\ & f_i(x) = \min\limits_{j \in [1,n]} [f_j(x)] \text{ und } f(x) \ngeq 0. \end{cases}$$

Mit dieser Vorschrift ist eine eindeutige Markierung für eine beliebige Triangulation des R^n_+ erklärt. (Man nennt $\ell(x)$ <u>die Markierung von x.</u>)

<u>Definitionen</u>

Es sei s ein beliebiges Simplex einer gegebenen Triangulation T von R^n_+.

(i) Ein <u>Index</u> $i \in [1, n+1]$ heisst <u>komplementär auf s</u>, falls i die Markierung eines Eckpunktes von s oder $x_i = 0$ auf s (d.h. für alle $x \in s$) ist.

(ii) s heisst <u>komplementär</u>, falls alle Indices aus $[1, n+1]$ auf s komplementär sind.

(iii) s heisst fast-komplementär, falls alle Indices $i \in [1, n+1]$ mit Ausnahme von genau einem auf s komplementär sind. (D.h. entweder ist (n+1) keine Markierung, oder es existiert genau ein Index $j \in [1, n]$ mit $x_j > 0$ auf ri(s) und j ist keine Markierung.)

<u>Lemma I.11.1</u>

Ein komplementäres Simplex s ist enthalten in einer eindeutig bestimmten Grenzfläche von R^n_+ mit der gleichen Dimension wie s.

<u>Beweis</u>

Es sei $\{i_1, \dots, i_m\}$ die maximale Menge der Indices, für welche gilt $x_{i_1}, \dots, x_{i_m} > 0$ für alle $x \in ri(s)$. Da s komplementär ist, müssen $i_1, \dots, i_m$ und (n+1) Markierungen der Eckpunkte sein, d.h. s besitzt mindestens (m+1) Eckpunkte. Die Indexmenge $\{i_1, \dots, i_m\}$ definiert nach (55) <u>eindeutig</u> eine m-dimensionale Grenzfläche von R^n_+, welche s enthält. s besitzt daher höchstens (m+1) Eckpunkte. Daher besitzt s genau (m+1) Eckpunkte und ist damit ein m-Simplex. Δ

Komplementäre Simplexe und Lösungen zum Komplementaritätsproblem, definiert durch f, stehen in der folgenden Beziehung:

Satz I.11.2

Sei f eine stetige Funktion von R_+^n in R^n und sei $\delta > 0$ gegeben. Es sei $\epsilon > 0$ als eine Funktion von δ durch den Stetigkeitsmodul *) von f bestimmt. Weiter seien T eine Triangulation von R_+^n mit dem Durchmesser δ und $s \in T$ ein komplementäres Simplex. Dann gilt für alle $x \in s$

(57) $$f_i(x) > -\epsilon \quad \text{für } i = 1, \dots, n$$

und

(58) $$f_i(x) < \epsilon \quad \text{für } i \in I_1$$

wobei $I_1 = \{i \mid x_i > 0 \text{ auf } ri(s)\}$.

Beweis

Sei $I_2 = [1,n] \setminus I_1$. Nach Lemma I.11.1 ist s enthalten in einer gleichdimensionalen Grenzfläche von R_+^n, welche durch I_1 bestimmt ist. Das Simplex s besitzt $|I_1| + 1$ Eckpunkte. Jeder Index $i \in I_1$ ist die Markierung genau eines Eckpunktes V^i von s. Weiter gibt es einen Eckpunkt $\overline{V}$ von s mit $f(\overline{V}) \geq 0$.

Sei $i \in I_1$ die Markierung des Eckpunktes V^i und es gilt daher

$$f_i(V^i) < 0.$$

Da $f_i(\overline{V}) \geq 0$ ist, gibt es (auf der Verbindungsgeraden von V^i und $\overline{V}$) einen Punkt $x^* \in s$ derart, dass

(59) $$f_i(x^*) = 0.$$

Dann gilt $|f_i(x) - f_i(x^*)| < \epsilon$ für ein beliebiges $x \in s$, da nach Voraussetzung $\|x - x^*\| < \delta$ ist. Wegen (59) folgt

$$|f_i(x)| < \epsilon .$$

*) Für eine stetige Abbildung f: $R^n \to R^n$ ist der Stetigkeitsmodul $\omega_f(\delta)$ definiert durch $\omega_f(\delta) := \sup_{\|x-y\| < \delta} \{\|f(x) - f(y)\|\}$; $(\epsilon = \omega_f(\delta))$.

Damit ist der Satz für $i \in I_1$ bewiesen.

Für $i \in I_2$, und beliebige $x \in s$ gilt ebenfalls

(60) $$|f_i(x) - f_i(\overline{V})| < \epsilon, \quad \text{da } \|x - \overline{V}\| < \delta .$$

Für $f_i(x) \geq f_i(\overline{V})$ folgt die Behauptung, da $f_i(\overline{V}) \geq 0$. Falls $f_i(x) < f_i(\overline{V})$, schliesst man aus (60)

$$f_i(\overline{V}) - f_i(x) < \epsilon ,$$

was wiederum wegen $f_i(\overline{V}) \geq 0$

$$f_i(x) > -\epsilon + f_i(\overline{V}) > -\epsilon$$

impliziert. Δ

Korollar zu Satz I.11.2

Unter den Voraussetzungen von Satz I.11.2 gilt: Es gibt einen Eckpunkt $\overline{V}$ von s (jener mit der Marke n+1) derart, dass $f(\overline{V}) \geq 0$, $\overline{V} \geq 0$, $f(\overline{V}) \cdot \overline{V} < \epsilon \left(\sum_{i \in I_1} \overline{V}_i \right)$. Δ

Falls nun zu jedem noch so kleinen $\delta_k > 0$ ein komplementäres Simplex s_k existiert und zusätzlich gilt, dass diese in einer beschränkten Menge des R^n liegen, so impliziert das Korollar zu Satz I.11.2 die Existenz einer Lösung zum Komplementaritätsproblem (1).

Satz I.11.3

Sei f eine stetige Funktion von R^n_+ in R^n und sei $\delta > 0$ gegeben. Es sei $\epsilon > 0$ als eine Funktion von δ durch den Stetigkeitsmodul von f bestimmt. Weiter seien T eine Triangulation von R^n_+ mit dem Durchmesser δ und $s \in T$ ein fast-komplementäres Simplex derart, dass (n+1) keine Markierung eines Eckpunktes ist. Dann existiert zu jedem $x \in s$ ein $z \in R^1_+$ mit

(61) $$\begin{aligned} &f(x) + z \cdot e \geq 0 \quad \text{und} \\ &f_i(x) + z < 2\epsilon \quad \text{für alle } i \in I_1, \end{aligned}$$

wobei $I_1 = \{i \mid x_i > 0 \text{ auf } ri(s)\}$.

Beweis

Für ein festes $x \in s$ definiert man $z = -\min\{0, \min_{j \in [1,n]} \{f_j(x)\}\}$.

(a) Falls $z = 0$, so ist der Beweis analog demjenigen von Satz I.11.2.

(b) Falls $z > 0$, dann gibt es ein $k \in [1,n]$ mit $-f_k(x) = z$. Nach der Definition für fast-komplementäre Simplexe und der Voraussetzung, dass $(n+1)$ keine Markierung ist, muss jeder Index $i \in I_1$ eine Markierung eines Eckpunktes von s sein. Sei $i \in I_1$ die Markierung des Eckpunktes V^i. Da $f_k(V^i) \geq f_i(V^i)$ und $f_k(x) \leq f_i(x)$, gibt es ein $x^* \in s$ mit $f_k(x^*) = f_i(x^*)$.

Daher ist

$$\begin{aligned} 0 \leq f_i(x) + z = f_i(x) - f_k(x) &= f_i(x) - f_i(x^*) - f_k(x^*) - f_k(x) \\ &\leq |f_i(x) - f_i(x^*)| + |f_k(x^*) - f_k(x)| \\ &< 2\epsilon, \quad \text{da } \|x - x^*\| < \delta. \end{aligned}$$
Δ

Ist die Triangulation genügend fein, so ist nach Satz I.11.3 jeder Punkt x in einem fast-komplementären Simplex ein stationärer Punkt für das Paar (f, D^n_ℓ) mit $\ell = e \cdot x$; x erfüllt nämlich approximativ das System (54) in Satz I.9.2. Der im nachfolgenden Abschnitt beschriebene Algorithmus folgt näherungsweise der in Satz I.9.3 beschriebenen Menge S, indem eine Folge fast-komplementärer Simplexe erzeugt wird.

I.12 Der Basisalgorithmus

Es sei T eine gegebene Triangulation des R^n_+, und $\tilde{T}$ bezeichne die Menge der Simplexe aus T, welche benachbart sind zu einem anderen Simplex aus T. Weiter sei eine Markierung auf T von der Form (56) definiert.

Im Lemma I.11.1 wurde bewiesen, dass jedes komplementäre Simplex in $\tilde{T}$ enthalten ist. Zum Aufsuchen eines komplementären Simplex genügt es daher, allein die Menge $\tilde{T}$ zu untersuchen.

Definition

Ein Simplex $s \in \tilde{T}$ ist in einem zulässigen Zustand, falls s fast-komplementär oder komplementär ist.

Die Aufgabe besteht nun darin, zulässige Zustandsänderungen zu identifizieren, welche ausgehend von einem zulässigen Zustand wiederum in einen zulässigen Zustand führen. Fundamental dazu ist das nachfolgende Lemma.

Lemma I.12.1

Es sei $s \in \tilde{T}$ ein fast-komplementäres m-Simplex. Es gibt dann einen einzigen Index j aus der Menge der Markierungen der (m+1) Eckpunkte von s derart, dass

(62) j die Markierung für genau zwei verschiedene Eckpunkte V^1 und V^2 ist

oder

(63) j ist die Markierung genau eines Eckpunktes V^0 und $x_j = 0$ auf s.

Beweis

Aus $s \in \tilde{T}$ folgt, dass s enthalten ist in einer m-dimensionalen Grenzfläche von R^n_+, welche nach (55) durch m verschiedene Indices $i_1, \dots, i_m$ charakterisiert werden kann. Für alle $x \in ri(s)$ gilt dann $x_{i_k} > 0$ für $k = 1, \dots, m$.

Da s fast-komplementär ist, gilt entweder

(i) (n+1) ist keine Markierung und $i_1, \dots, i_m$ sind Markierungen von m der (m+1) Eckpunkte $V^1, \dots, V^{m+1}$. O.B.d.A. sei i_k die Markierung von V^k für $k = 1, \dots, m$, und $\ell(V^{m+1}) = j$. Dann sind zwei sich ausschliessende Fälle möglich, nämlich

(a) $j \in \{i_1, \ldots, i_m\}$, was aber (62) beweist, oder

(b) $j \notin \{i_1, \ldots, i_m\}$. Dann ist $x_j = 0$ auf s und j die Markierung genau eines Eckpunktes, womit (63) erfüllt ist.

(ii) Ist (n+1) eine Markierung, so müssen wegen der Fastkomplementarität (m-1) Indices aus $\{i_1,\ldots,i_m\}$ Markierungen der m restlichen Eckpunkte sein. Wiederum sei i_k die Markierung von V^k für $k = 1, \ldots, m-1$, $\ell(V^m) = n+1$ und sei $\ell(V^{m+1}) = j$. Da s fast-komplementär ist, muss $j \neq i_m$ sein; daher sind zwei sich ausschliessende Fälle möglich

(a) $j \in \{i_1, \ldots, i_{m-1}\}$, was (62) impliziert, oder

(b) $j \notin \{i_1, \ldots, i_{m-1}, i_m\}$, was aber (63) beweist. Δ

Ist s in einem zulässigen Zustand und nicht komplementär, so sind die folgenden Zustandsänderungen zulässig:

Im Falle (62):

(64)
(i) Streiche den Eckpunkt V^1, oder
(ii) Streiche den Eckpunkt V^2

Im Falle (63):

(65)
(i) Streiche den Eckpunkt V^0, oder
(ii) Füge einen neuen Eckpunkt hinzu mit $x_j > 0$ auf ri(s') (s' bezeichnet das neue Simplex).

Nach der Durchführung einer zulässigen Zustandsänderung ist das resultierende Simplex s' wiederum in einem zulässigen Zustand. Ist dieses Simplex komplementär, so ist keine weitere Zustandsänderung zulässig.

Ist s ein 0-Simplex, so kann nur (63) erfüllt sein,und daher ist die einzige zulässige Zustandsänderung (65 (ii)), d.h. einen neuen Eckpunkt hinzuzufügen. Diese Beobachtung führt unmittelbar zur Definition des Startsimplex s_0: Es ist dies das einzige 0-Simplex in $\tilde{T}$, nämlich bestehend aus dem Ursprung von R^n_+, dem Eckpunkt $V = (0, \ldots, 0)^T$. $s_0 \in \tilde{T}$ ist offensichtlich fast-komplementär oder komplementär. Ist $\ell(V) = n+1$, so ist s_0 komplementär, und der Ursprung ist eine Lösung zu $[f|R^n_+]$, d.h. $f(0) \geq 0$. Ist $\ell(V) \neq n+1$, so ist das Startsimplex fast-komplementär. Die einzige zulässige Zustandsänderung ist das Hinzufügen eines neuen Eckpunktes mit $x_j > 0$ auf s_1, wobei $j = \ell(V)$ ist.

Lemma I.12.2

Es sei $s_0 = \{0\}$ ein fast-komplementäres Simplex. Für jedes fast-komplementäre Simplex, welches man über eine Folge von zulässigen Zustandsänderungen aus s_0 erhält, ist (n+1) keine Markierung.

Beweis

Da $s_0 = \{0\}$ fast-komplementär ist, folgt, dass (n+1) keine Markierung für s_0 ist.

Es wird jetzt gezeigt, dass bei der Durchführung einer der Operationen (64) oder (65) die Eigenschaft "(n+1) ist keine Markierung" erhalten bleibt. Andernfalls ist das resultierende Simplex komplementär.

s erfülle also die Voraussetzungen des Lemmas und (n+1) sei keine Markierung. Nach Lemma I.12.1 genügt s entweder (62) oder (63).

(a) Falls s (62) erfüllt und man eine zulässige Zustandsänderung (64) durchführt (streiche V^1 oder V^2), so sind für das neue Simplex s' folgende Fälle möglich:

(i) (n+1) ist eine Markierung; dann aber ist s' komplementär, denn alle Eckpunkte tragen verschiedene Markierungen.

(ii) (n+1) ist keine Markierung; dann kann s' definitionsgemäss nicht komplementär sein, also ist s' (da eine zulässige Zustandsänderung durchgeführt wurde) fast-komplementär.

(b) Falls s (63) erfüllt und man (65) (i) durchführt, so ist der Beweis analog wie zu (a). Führt man (65) (ii) aus, so sind für s' folgende Fälle möglich:

(i) (n+1) ist die Markierung des neu hinzugefügten Eckpunktes; dann ist aber s' komplementär.

(ii) (n+1) ist keine Markierung; wiederum ist s' dann fast-komplementär.

Ist daher nach der Durchführung einer zulässigen Zustandsänderung das resultierende Simplex fast-komplementär, so ist (n+1) keine Markierung. Δ

Wie erwähnt, konstruiert der nachfolgend beschriebene Algorithmus eine Folge verschiedener Simplexe aus $\tilde{T}$. Das erste Simplex dieser Folge ist das 0-Simplex mit dem Eckpunkt $V^1 = (0,\dots,0)^T$. Falls dieses Simplex komplementär ist, d.h. falls $\ell(V^1) = n+1$ ist, dann ist der Ursprung eine Lösung. Andernfalls wird eine Folge fast-komplementärer Simplexe gebildet. Es sei darauf hingewiesen, dass die Dimension dieser Simplexe nicht konstant zu bleiben braucht.

Algorithmus

Schritt 0: (Initialisierung)

$q := 1$ (= Anzahl Eckpunkte)

$p := 1$ (Nummer des zuletzt ersetzten Eckpunktes)

$V^1 = (0,\dots,0)$

$I = \emptyset$ (entspricht der Charakterisierung der aktuellen Grenzfläche, siehe (55))

Setze $j := \ell(V^p)$, gehe zu Schritt 1.

Schritt 1: (Bestimmung des zu ersetzenden Eckpunktes)

Falls $j = n+1$, gehe zu Schritt 5.

Suche ein $k \in \{1,\dots,q\} \setminus \{p\}$ mit $\ell(V^k) = j$.

Falls kein solches k existiert, gehe zu Schritt 2, sonst gehe zu Schritt 3.

Schritt 2: (Erhöhen der Anzahl Eckpunkte)

Setze $q := q+1$, $I := I \cup \{j\}$, $p := q$.

Füge einen neuen Eckpunkt V^q hinzu mit $x_j > 0$ auf $\mathrm{ri}(\mathrm{conv}(V^1,\dots,V^q))$, $j := \ell(V^p)$, gehe zu Schritt 1.

Schritt 3: (Ersetzen eines Eckpunktes)

Streiche den Eckpunkt V^k.

Falls ein neuer Eckpunkt V hinzugefügt wird, setze $V^k := V$, $p := k$, $j := \ell(V^p)$, gehe zu Schritt 1.

Sonst gehe zu Schritt 4.

Schritt 4: (Verringern der Anzahl Eckpunkte)

Setze $V^\ell := V^{\ell+1}$ für $\ell = k,\dots,q-1$; $q := q-1$; bestimme jenes $j \in I$ mit $x_j = 0$ auf $\mathrm{conv}(V^1,\dots,V^q)$.

Setze $I := I \setminus \{j\}$.

Suche dasjenige $k \in \{1,\dots,q\}$ mit $\ell(V^k) = j$, gehe zu Schritt 3.

Schritt 5: (Ein komplementäres Simplex ist gefunden)

Ende.

Es wird jetzt mit Hilfe des Lemmas I.2.1 gezeigt werden, dass der Algorithmus eine eindeutige Folge fast-komplementärer Simplexe erzeugt und das letzte erzeugte Simplex komplementär ist. Jedes so erzeugte Simplex hat einen eindeutig bestimmten Vorgänger und Nachfolger.

Satz I.12.3

Der Algorithmus erzeugt eine eindeutig bestimmte Kette verschiedener Simplexe in $\tilde{T}$, welche alle in einem zulässigen Zustand sind. Er bricht ab, falls ein komplementäres Simplex gefunden ist, sonst wird eine unendliche Kette bestehend aus Simplexen erzeugt, welche keine Marke (n+1) besitzen.

Beweis

Sei N eine Teilmenge von Simplexen s aus $\tilde{T}$ derart, dass $s \in N$ genau,wenn $s \in \tilde{T}$ und s in einem zulässigen Zustand.

Sei $E = \{(s, s') \mid s, s' \in N$, s kann aus s' über genau eine zulässige Zustandsänderung erhalten werden$\}$.

Dann definieren die Mengen N, E einen Graphen G = G(N, E). Es gelten die folgenden Eigenschaften, wegen Lemma I.12.1

(i) $N \neq \emptyset$, da $s_0 = \{0\} \in N$

(ii) $\deg(s_0) \leq 1$

(iii) $\deg(s) \leq 2 \quad \forall s \in N$.

D.h., die Voraussetzungen des Graphenlemmas I.2.1 sind also erfüllt (ausser der Endlichkeit von G), und daraus folgen die Behauptungen des Lemmas, benützt man zusätzlich das Lemma I.12.2. Δ

In Figur 13 ist der Verlauf des Algorithmus für ein Beispiel in R^2 illustriert.

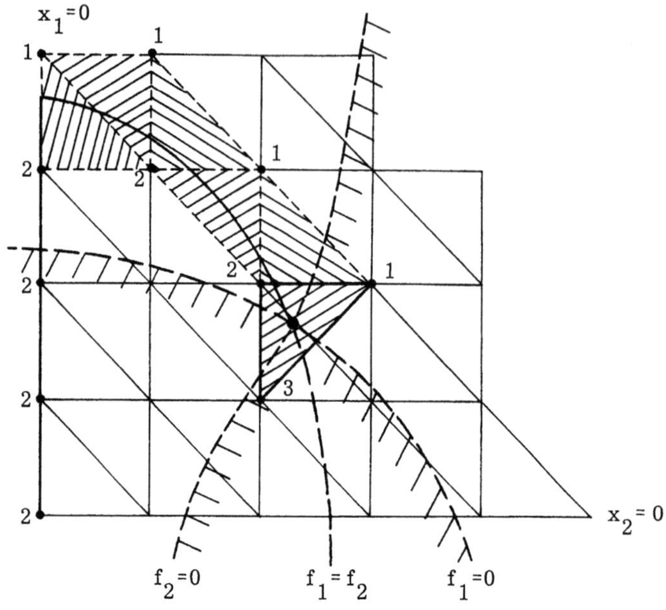

Fig. 13

Der Algorithmus folgt dem eingezeichneten Weg und endet in einem komplementären Simplex. Würde die Kurve $f_1=f_2$ die x_2-Achse nicht schneiden, so würde offensichtlich eine unbeschränkte Kette fast-komplementärer Simplexe erzeugt. Man sieht also, dass ähnlich wie beim Lemke-Algorithmus Eigenschaften der Funktion f gefordert werden müssen, die Gewähr dafür bieten derart, dass der Algorithmus nie ein beschränktes Gebiet verlässt. Genau dies ist der Inhalt der nachfolgenden Bedingung.

Bedingung I. 12. 4

Die kompakte Menge $U \subset R_+^n \setminus \{0\}$ separiere*) den Ursprung $\{0\}$ von ∞, und für jedes $x \in U$ gebe es ein $w \in R_+^n$, für welches gilt

$$(w - x)\cdot e \le 0 \quad \text{und}$$

$$(w - x)\cdot f(x) < 0 .$$

Da U eine kompakte Menge ist, gibt es ein festes $\delta_1 > 0$ derart, dass

$$(w - x)\cdot f(x) < -\delta_1 < 0 \text{ gilt.}$$

(Bem.: Siehe auch Sätze I. 9. 4, I. 9. 5)

---

*) Für die Definition dieses Begriffs siehe Kapitel I. 9

Satz I. 12.5

Falls für eine stetige Funktion f die Bedingung I.12.4 gilt, so bricht der Algorithmus für genügend kleinen Durchmesser δ der Triangulation nach endlich vielen Schritten ab.

Beweis

Man zeigt indirekt, dass die Menge der durch den Algorithmus erzeugten Simplexe mit U einen leeren Durchschnitt haben muss.

Sei $x \in s \cap U$, s ein fast-komplementäres Simplex, d.h. (n+1) keine Markierung, $\delta > 0$ der Durchmesser der Triangulation, und sei $\epsilon > 0$ die durch den Stetigkeitsmodul von f definierte Funktion von δ. Satz I. 9.3 sagt aus, dass es ein $z \geq 0$ gibt mit

(i) $f(x) + ze \geq 0$

(ii) $(f(x) + ze) \cdot x < 2\epsilon(e \cdot x)$.

Aus (i) folgt $w \cdot (f(x) + ze) \geq 0$ und daher aus (ii)

$$- 2\epsilon(x \cdot e) < (w - x)(f(x) + z \cdot e) .$$

Aus der Bedingung I. 12.4 folgt dann

(*) $- 2\epsilon(x \cdot e) < (w - x)(f(x) + ze) < - \delta_1$.

Da $(x \cdot e) \leq K$ für alle $x \in U$, gibt es daher ein genügend kleines δ derart, dass $+ 2\epsilon \cdot K < \delta_1$, was der Beziehung (*) widerspricht. Δ

Die Bedingung I. 12.4 ist leicht anschaulich interpretierbar: Sie impliziert, dass die im Satz I. 9.3 beschriebene Menge S beschränkt ist, da auf U kein stationärer Punkt liegen kann. Die Kompaktheit wird benützt, um zu zeigen, dass alle stationären Punkte einen "positiven" Abstand von der Menge U besitzen müssen. Es ist klar, dass für die Konvergenz des Algorithmus genau diese Eigenschaft wesentlich ist.

I.13 Einige spezielle Klassen nichtlinearer Probleme und Existenzsätze

Für den linearen Fall wurde eine relativ grosse Klasse von Matrizen charakterisiert, für welche der Lemke-Algorithmus "konvergiert". Karamardian (1972) hat in seinem Artikel diese linearen Abbildungen verallgemeinert auf nichtlineare. Im speziellen sei G eine Abbildung von R^n in sich mit $G(0) = 0$. Dann gelten die folgenden

Definitionen

(i) G ist positiv-semi-definit, falls $x \cdot G(x) \geq 0$ für alle x. G ist positiv-definit, falls $x \cdot G(x) > 0$ für $x \neq 0$. G ist streng positiv-definit, falls ein Skalar $\alpha > 0$ existiert mit $x \cdot G(x) \geq \alpha \|x\|^2$.

(ii) G ist copositiv, falls $x \cdot G(x) \geq 0$ für alle $x \geq 0$
G ist strikt copositiv, falls $x \cdot G(x) > 0$ für alle $0 \neq x \geq 0$.
G ist streng copositiv, falls ein $\alpha > 0$ existiert mit $x \cdot G(x) \geq \alpha \|x\|^2$ für alle $x \geq 0$.

Ohne Beweis sei das folgende Resultat aus Karamardian (1972) zitiert.

Satz I.13.1

Das System $f(x) \geq 0$, $x \geq 0$, $x \cdot f(x) = 0$ besitzt für stetige Abbildungen $f: R^n_+ \to R^n$ eine Lösung, falls die Funktion $G(x) = f(x) - f(0)$ positiv homogen von beliebigem Grade $d>0$ ist, d.h. $G(\lambda x) = \lambda^d G(x)$, $\forall \lambda \geq 0$, und G streng oder strikt copositiv ist.

Es sei hier erwähnt, dass der Algorithmus für diese Klasse von Problemen arbeitet.

Der nächste Satz stammt ebenfalls von Karamardian. Er wird hier konstruktiv bewiesen und in einigen Anwendungen wieder verwendet werden.

Satz I.13.2

Das System $f(x) \geq 0$, $x \geq 0$, $x \cdot f(x) = 0$ besitzt eine Lösung, falls die Abbildung $G(x) = f(x) - f(0)$ stetig und streng copositiv ist.

Beweis

Da G streng copositiv ist, gibt es ein $\alpha > 0$ derart, dass

(*) $$x \cdot f(x) \geq x \cdot f(0) + \alpha \|x\|^2$$

Sei $x \in R^n_+$ beliebig mit $\|x\| > \frac{\|f(0)\|}{\alpha}$. Dann gilt wegen der Schwarz'schen Ungleichung

$$\alpha \|x\|^2 > \|x\| \cdot \|f(0)\| \geq -x \cdot f(0).$$

Daraus folgt $\alpha \|x\|^2 + x \cdot f(0) > 0$. Dies impliziert wegen (*) $x \cdot f(x) > 0$. Damit ist klar, dass die Menge

$$C = \{x \geq 0 \mid \|x\| = r > \frac{\|f(0)\|}{\alpha}\}$$

den Bedingungen I.12.4 genügt, denn

(i) C ist kompakt und separiert den Ursprung von ∞.

(ii) Zu jedem $x \in C$ gibt es ein $w \in R^n_+$, nämlich $w = 0$ mit $-x \cdot e < 0$ und $-x \cdot f(x) < 0$. Δ

Im folgenden sind einige Funktionen aufgezählt, welche zur Klasse der streng copositiven Funktionen gehören.

Definition

Es sei $f\colon D \to R^n$, $D \subset R^n$. Die Funktion f heisst monoton auf D, falls für alle Paare $x \in D$, $y \in D$ gilt

$$(x - y) \cdot (f(x) - f(y)) \geq 0.$$

f heisst strikt monoton auf D, falls gilt

$$(x - y) \cdot (f(x) - f(y)) > 0 \quad \text{für } x \neq y.$$

f heisst streng monoton auf D, falls ein Skalar $k > 0$ existiert derart, dass

$$(x - y) \cdot (f(x) - f(y)) \geq k \|x - y\|^2.$$

Offensichtlich gehört die Funktion $G(x) = f(x) - f(0)$ in die Klasse der streng copositiven Funktionen, falls f eine streng monotone Funktion ist.

Das nächste Korollar folgt unmittelbar aus Satz I. 13. 2.

Korollar I.13.3

Ist f eine stetige und streng monotone Funktion, so besitzt das Problem $x \geq 0$, $f(x) \geq 0$, $x \cdot f(x) = 0$ eine eindeutige Lösung.

Beweis

Die Existenz folgt aus Satz I.13.3, und die Eindeutigkeit folgt aus der strikten Monotonie. Seien nämlich $\bar{x}, \bar{y}$ zwei Lösungen mit $\bar{x} \neq \bar{y}$; dann folgt wegen der strikten Monotonie:

$$0 < (\bar{x}-\bar{y}) \cdot (f(\bar{x}) - f(\bar{y})) = -x \cdot f(\bar{x}) + y \cdot f(\bar{y}) - x \cdot f(\bar{y}) - y \cdot f(\bar{x}) \leq 0$$

was einen Widerspruch darstellt. Δ

In Karamardian (1969) wird für differenzierbare Funktionen folgende Charakterisierung der Monotonie gegeben.

Satz I.13.4

Es sei $f: D \to R^n$ eine stetig differenzierbare Abbildung auf der offenen konvexen Menge $D \subset R^n$. Es bezeichne $J_f(x)$ die Jakobi-Matrix von f an der Stelle $x \in D$. Dann gilt

(i) f ist monoton auf D, falls $J_f(x)$ positiv-semi-definit auf D ist.

(ii) f ist strikt monoton auf D, falls $J_f(x)$ positiv-definit auf D ist.

(iii) f ist streng monoton auf D, falls $J_f(x)$ streng positiv-definit ist auf D (d.h. es existiert ein Skalar $k > 0$, so dass $y \cdot J_f(x) y \geq k \|y\|^2 \quad \forall y \in R^n$).

Die Definition der Monotonie ist eng verwandt mit der Charakterisierung konvexer Funktionen, welche im nächsten wohlbekannten Satz zusammengestellt ist:

Satz I.13.5

Es sei die Abbildung $g: C \to R^1$ differenzierbar auf dem offenen konvexen Gebiet $C \subset R^n$. Dann gilt

(i) g ist konvex genau, wenn ∇g monoton auf C ist.

(ii) g ist strikt konvex genau, wenn ∇g strikt monoton auf C ist.

Falls g zweimal differenzierbar ist, gilt

(iii) g ist konvex genau, wenn die Hessesche Matrix H(x) positiv-semi-definit auf C ist.

(iv) g ist strikt konvex genau, wenn H(x) positiv-definit auf C ist.

Um den Satz I.13.5 zu vervollständigen für streng monotone Funktionen, sei der Begriff der strengen Konvexität eingeführt:

Definition

Eine skalare Funktion $g: C \to R^1$ definiert auf der konvexen Menge $C \subset R^n$ heisst streng konvex auf C, falls ein Skalar $\alpha > 0$ existiert derart, dass für alle $x_1, x_2 \in C$ und $0 < \lambda < 1$ gilt

$$g(\lambda x_1 + (1-\lambda)x_2) \leq \lambda g(x_1) + (1-\lambda) g(x_2) - \alpha\lambda(1-\lambda) \| x_1 - x_2 \|^2 .$$

Im folgenden Satz sind streng konvexe Funktionen auf Grund ihrer Gradienten und ihrer Hesseschen Matrix charakterisiert.

Satz I.13.6 (Karamardian (1969))

Es sei $g: C \to R^1$ eine differenzierbare Funktion auf der offenen konvexen Menge $C \subset R^n$. Dann ist g streng konvex genau dann, wenn ∇g streng monoton ist.

Falls g zweimal differenzierbar ist auf C, so ist g genau dann streng konvex, wenn die Hessesche Matrix H(x) streng positiv-definit ist. Δ

Im nächsten Abschnitt wird die Chrakterisierung streng konvexer (konkaver) Funktionen, zusammen mit dem Korollar I. 13. 3, benützt.

Zunächst sei aber noch eine Verallgemeinerung der Resultate von Korollar I.13.3 gegeben für stetige monotone Funktionen:

Satz I.13.7 (Moré (1974))

Es sei $f: R^n_+ \to R^n$ eine stetige monotone Funktion auf R^n_+. Falls ein $x^* \in R^n_+$ existiert derart, dass $f(x^*) > 0$, so besitzt das entsprechende Komplementaritätsproblem $x \geq 0$, $f(x) \geq 0$, $x \cdot f(x) = 0$ eine Lösung.

Beweis

Sei $x \in S_r := \{y \in R^n_+ \mid e \cdot y = r\}$, $r > 0$ beliebig. Nach Voraussetzung ist $f(x^*) > 0$. Es gilt nun

$$x \cdot f(x^*) \geq r \cdot \min_{i=1,\dots,n} \{f_i(x^*)\} > 0.$$

Für alle $x \in S_r$, $r > \dfrac{x^* \cdot f(x^*)}{\min_{i=1,\dots,n} \{f_i(x^*)\}} \geq 0$ ist also

$$x \cdot f(x^*) > x^* \cdot f(x^*)$$

oder

$$(x - x^*) \cdot f(x^*) > 0 .$$

Wegen der Monotonie von f gilt aber

$$(x - x^*) \cdot f(x) \geq (x - x^*) \cdot f(x^*) > 0 .$$

Da $x^* e < r$ ist, ist auch

$$(x - x^*) \cdot e > 0 .$$

Damit ist gezeigt, dass f der Bedingung I. 12. 4 genügt. Δ

I. 14 Anwendungen zum nichtlinearen Komplementaritätsproblem

Die Umformung einer mathematischen Optimierungsaufgabe in ein Komplementaritätsproblem wurde bereits im Kapitel I. 6 dargestellt. In diesem Kapitel wird die Umformung für eine allgemeinere Klasse von Problemen durchgeführt. Dabei soll speziell auf gewisse Dualitätsbeziehungen eingegangen werden. Abschliessend wird die Existenz eines Gleichgewichtspunktes für n-Personenspiele und der Brouwer'sche Fixpunktsatz mit Hilfe der Komplementaritätstheorie konstruktiv bewiesen.

Mathematische Optimierung

Die folgenden zueinander dualen symmetrischen Optimierungsaufgaben wurden von Dantzig, Eisenberg und Cottle (1965) untersucht.

Primal: minimiere $F(x,y) = K(x,y) - y \cdot \nabla_y K(x,y)$ unter den Bedingungen

(66)
$$\nabla_y K(x,y) \leq 0$$
$$(x,y) \geq (0,0)$$

Dual: maximiere $G(x, y) = K(x, y) - x \cdot \nabla_x K(x, y)$ unter den Bedingungen

(67) $$\nabla_x K(x, y) \geq 0$$
$$(x, y) \geq (0, 0)$$

wobei $K: R^n \times R^m \to R^1$ eine überall stetig differenzierbare Funktion ist.

Wenn $K(x, y)$ die zu einem mathematischen Optimierungsproblem assoziierte Lagrangefunktion

(68) $$L(x, y) = g_0(x) + \sum_{i=1}^{m} y_i g_i(x)$$

ist, so wird die primale Aufgabe (66) zu

minimiere $g_0(x)$ unter den Nebenbedingungen

(69) $$g_i(x) \leq 0 \qquad i = 1, \dots, m$$
$$x \geq 0.$$

Das entsprechende duale Problem (67) wird zu

maximiere $L(x, y) - x \cdot \left(\nabla g_0 + \sum_{i=1}^{m} y_i \nabla g_i(x)\right)$ unter den Nebenbedingungen

(70) $$\nabla g_0(x) + \sum_{i=1}^{m} y_i \nabla g_i(x) \geq 0$$
$$(x, y) \geq 0$$

Ist nun die Funktion $K(x, y)$ konvex in x und konkav in y, d. h. eine konvex-konkave Funktion, so gilt das schwache Dualitätsgesetz.

Satz I. 14. 1 (Cottle (1966))

Es sei $K: R^n \times R^m \to R^1$ eine überall differenzierbare, konvex-konkave Funktion. Dann gilt

(71) $$\sup_{(x, y) \in D} G(x, y) \leq \inf_{(x, y) \in P} F(x, y)$$

wobei P das primale und D das duale Zulässigkeitsgebiet bezeichnen, d. h.

(72) $$P := \{(x,y) \in R^n_+ \times R^m_+ \mid \nabla_y K(x,y) \leq 0\}$$

(73) $$D := \{(x,y) \in R^n_+ \times R^m_+ \mid \nabla_x K(x,y) \geq 0\}.$$

Unter den Voraussetzungen von Satz I. 14. 1 folgt, dass jedes $(\bar{x},\bar{y}) \in P \cap D$ sowohl für das primale wie das duale Programm optimal ist, falls $F(\bar{x},\bar{y}) = G(\bar{x},\bar{y})$ ist. Die Frage nach der Existenz einer solchen Lösung ist daher naheliegend. Sie führt auf die Bestimmung einer Lösung des Komplementaritätsproblems $[f \mid R^{n+m}_+]$, wobei

$$f: \; R^n_+ \times R^m_+ \to R^n_+ \times R^m_+$$

definiert ist durch

(74) $$f(x,y) := (\nabla_x K(x,y), -\nabla_y K(x,y)).$$

Ist nämlich (x^*, y^*) eine Lösung von $[f \mid R^{n+m}_+]$, dann gilt

$$\nabla_x K(x^*, y^*) \geq 0, \quad \nabla_y K(x^*, y^*) \leq 0$$

d. h. $(x^*, y^*) \in P \cap D$.

Die Differenz der Zielfunktionen

$$\begin{aligned} F(x,y) - G(x,y) &= x \cdot \nabla_x K(x,y) - y \cdot \nabla_y K(x,y) \\ &= (x,y) \cdot f(x,y) \end{aligned}$$

nimmt genau dann den Wert 0 an, wenn $(x,y) \cdot f(x,y) = 0$ ist.

Es ist leicht einzusehen, dass für konvex-konkave Funktionen K jede Lösung von $[f \mid R^{n+m}_+]$ auch Lösung von (66) und (67) ist.

Cottle fand Bedingungen, unter denen die Aufgabe $[f \mid R^{n+m}_+]$, definiert in (74), eine Lösung besitzt. Dies führte zu einem der ersten Existenzsätze für nichtlineare Komplementaritätsprobleme (siehe Cottle (1966)).

Benützt man die Sätze I. 13. 3 und I. 13. 6, so führt dies unmittelbar zum Beweis des folgenden Satzes

Satz I. 14. 2

Es sei $K: R^n_+ \times R^m_+ \to R^1$ eine überall stetig differenzierbare streng konvex-konkave Funktion. Dann besitzen das primale und das duale Problem eine gemeinsame (eindeutige) Optimallösung $(\bar{x},\bar{y})$ mit $F(\bar{x},\bar{y}) = G(\bar{x},\bar{y})$.

Es ist evident, wie der Satz I. 14. 2 für (strikt) konvex-konkave Funktionen formuliert werden muss, unter Benützung des Satzes I. 13. 7.

Für eine konvexe Optimierungsaufgabe der Form (69) ist die zugehörige Lagrangefunktion konvex-konkav. Die entsprechenden Dualitätsbeziehungen sollen nun zur Abschätzung der Güte einer approximativen Lösung der primalen Aufgabe dienen.

Mit Hilfe des komplementären Basisalgorithmus sei ein komplementäres Simplex s, d. h. eine Menge approximativer Lösungen des Problems $[f \mid R_+^{n+m}]$ bestimmt worden. f besitzt dabei die spezielle Form

(75) $$f(x, u) = (\nabla_x L(x, u), -\nabla_u L(x, u))$$

(L ist die in (68) definierte Lagrangefunktion.)

Es gibt daher mindestens einen Punkt $(x^*, u^*) \in s$ mit $f(x^*, u^*) \geq 0$.

Bezeichnet man mit x^0 die Optimallösung zu (69), so folgt aus den schwachen Dualitätsbeziehungen (71)

$$L(x^*, u^*) - x^* \cdot \nabla_x L(x^*, u^*) \leq g_0(x^0) \leq g_0(x^*) .$$

Benützt man die Definition der Lagrangefunktion, so erhält man

(76) $$0 \leq g_0(x^*) - g_0(x^0) \leq (x^*, u^*) \cdot f(x^*, u^*)$$

Dies ergibt eine Abschätzung der Zielfunktion, welche umso besser wird, je feiner die Triangulation ist, denn die rechte Seite von (76) nimmt mit zunehmender Feinheit der Triangulation ab. Die Beziehung (76) eignet sich deshalb als Abbruchkriterium für den Verfeinerungsalgorithmus (siehe Kapitel I. 16).

Sattelpunkte

Dualitätsbeziehungen und Sätze über Existenz von Sattelpunkten sind eng verwandt. Gut bekannt sind die Existenzsätze von Sattelpunkten für konvex-konkave Funktionen auf einem kompakten Träger. Verzichtet man jedoch auf die Bedingung der Kompaktheit, so muss die Funktion stärkeren Voraussetzungen genügen, damit die Existenz eines Sattelpunktes weiterhin gewährleistet ist.

Definition

Es sei $C \subset R^n$, $D \subset R^m$ und $K: C \times D \to R^1$ eine gegebene Funktion. Ein Punkt $(\bar{x}, \bar{y}) \in C \times D$ heisst Sattelpunkt von K über $C \times D$, falls

$$K(\bar{x}, y) \leq K(\bar{x}, \bar{y}) \leq K(x, \bar{y})$$

für alle $x \in C$, $y \in D$.

Ist $C = R^n_+$ und $D = R^m_+$, dann gilt der folgende

Satz I. 14. 3

Es sei die Abbildung $K: R^n_+ \times R^m_+ \to R^1$ stetig differenzierbar und streng konvex-konkav auf dem ganzen Definitionsbereich. Dann besitzt K einen eindeutig bestimmten Sattelpunkt über $R^n_+ \times R^m_+$.

Beweis

Betrachtet man die Abbildung $f: R^n_+ \times R^m_+ \to R^n \times R^m$, definiert durch

$$f(x,y) := (\nabla_x K(x,y), -\nabla_y K(x,y)),$$

so folgt, dass f streng monoton ist (Satz I. 13. 6). Nach Satz I. 13. 3 besitzt $[f | R^n_+ \times R^m_+]$ eine eindeutige Lösung $(\bar{x}, \bar{y})$, d. h. $(\bar{x}, \bar{y})$ erfüllt

$$\bar{x} \geq 0,\ \bar{y} \geq 0,\ \nabla_x K(\bar{x}, \bar{y}) \geq 0,\ \nabla_y K(\bar{x}, \bar{y}) = 0 \tag{77}$$

$$\bar{x} \cdot \nabla_x K(\bar{x}, \bar{y}) = 0,\ \bar{y} \cdot \nabla_y K(\bar{x}, \bar{y}) = 0 .$$

Die Beziehungen (77) sind aber die notwendigen und hinreichenden Kuhn-Tucker-Bedingungen dafür, dass $(\bar{x}, \bar{y})$ ein Sattelpunkt von K über $R^n_+ \times R^m_+$ ist. Δ

Möchte man "lokale" Sattelpunkte einer Abbildung K bestimmen, d. h. soll die Beziehung $K(\bar{x}, y) \leq K(\bar{x}, \bar{y}) \leq K(x, \bar{y})$ in einer hinreichend kleinen Umgebung von $(\bar{x}, \bar{y})$ erfüllt sein, so sind die Beziehungen (77) notwendig. Weiter bemerkt man, dass für die Lagrangefunktion (68) die Aussagen über die Existenz von Sattelpunkten (77) und die Dualitätsbeziehungen (74) gleichwertig sind.

Unter speziellen Voraussetzungen erfüllen lokale Minima nicht-konvexer Optimierungsprobleme lokale Sattelpunktbedingungen einer verallgemeinerten Lagrangefunktion (K. J. Arrow, F. J. Gould, S. M. Howe (1973)). In diesem Sinne kann der Komplementaritätsalgorithmus auch auf nicht-konvexe Optimierungsprobleme angewandt werden.

Nichtkooperative Gleichgewichtspunkte für n-Personen-Spiele

Zwei-Matrizen-Spiele lassen sich, wie gezeigt wurde, als lineare Komplementaritätsprobleme formulieren. Dass die dort verwendete Methode sich auf n-Personen-Spiele verallgemeinern lässt, wurde gleichzeitig von R. Wilson (1971) und J. Rosenmüller (1971) entdeckt. Auf diesen nichtkonstruktiven Verfahren basierend entwickelten Garcia, Lemke und Lüthi (1973) einen speziellen Algorithmus. Dies war gleichzeitig die erste Methode zur Lösung eines speziellen nichtlinearen Komplementaritätsproblems.

Das n-Personen-Spiel $\Gamma(S^{m_1}, S^{m_2}, \dots S^{m_n}; A^1, \dots, A^n)$ ist charakterisiert durch die Angabe der Indexmengen $I_1 := \{1, \dots, m_1\}, \dots, I_n := \{1, \dots, m_n\}$ der reinen Strategien und durch die Abbildungen

$$A^k : I_1 \times \dots \times I_n \to R^1 \qquad k = 1, \dots, n.$$

A^k gibt für alle Partien $\omega \in I_1 \times I_2 \times \dots \times I_n$ den Verlust des Spielers k, $k = 1, \dots, n$, an. Ohne Einschränkung der Allgemeinheit können diese Verluste als positiv vorausgesetzt werden.

Die Menge $S^{m_k} := \{x^k \in R_+^{m_k} | e_{m_k} \cdot x^k = 1\}$ bezeichnet den Raum der zulässigen gemischten Strategien des Spielers k, $k = 1, \dots, m$. $x^k \in S^{m_k}$ gibt die Wahrscheinlichkeiten an, mit welcher der k-te Spieler seine m_k Strategien wählt.

Zur Vereinfachung der Notation bezeichne für $\omega = (\omega_1, \dots, \omega_n) \in I_1 \times \dots \times I_n$ $x^k(\omega)$ die Wahrscheinlichkeit, mit welcher der k-te Spieler seine ω_k-te Strategie wählt.

Ist x die Zusammenfassung aller gemischten Strategien der Spieler, d. h.

$$x := (x^1, \dots, x^n) \in S^{m_1} \times S^{m_2} \times \dots \times S^{m_n},$$

so ist der erwartete Verlust des Spielers k gegeben durch

$$p_k(x) := \sum_{\omega \in I_1 \times \dots \times I_n} A^k(\omega) x^1(\omega) \cdot x^2(\omega) \dots \cdot x^n(\omega)$$

(p_k ist eine multilineare Funktion in $x^1, \dots, x^n$.)

Definiert man den marginalen Verlust des Spielers k beim Spiel seiner j-ten reinen Strategie durch

$$m_j^k(x) := \sum_{\substack{\omega \in I_1 \times \ldots \times I_n \\ \omega_k = j}} A^k(\omega) \prod_{i \neq k} x^i(\omega^i)$$

so lässt sich ein Nash-Gleichgewichtspunkt dieses Spieles folgendermassen beschreiben.

Definition

$\bar{x} \in S^{m_1} \times \ldots \times S^{m_n}$ ist ein Nash-Gleichgewichtspunkt für das Spiel $\Gamma(S^{m_1}, \ldots, S^{m_n}; A^1, \ldots, A^n)$, falls

$$m_j^k(x) \geq p_k(\bar{x}) \qquad \text{für alle } x \in S^{m_1} \times \ldots \times S^{m_n}$$
$$j = 1, \ldots, m_k; \; k = 1, \ldots, n.$$

Jeder Gleichgewichtspunkt ist Lösung eines Komplementaritätsproblems und umgekehrt:

Satz I. 14. 4 (analog zu Satz I. 6. 3)

Es sei $x^* \in R^N$, $N := m_1 + m_2 + \ldots + m_n$ eine Lösung des Komplementaritätsproblems

$$x := (x^1, x^2, \ldots, x^n) \geq 0 \quad \text{mit } x^i \in R^{m_i}$$

(78)
$$m_j^k(x) - 1 \geq 0 \qquad j = 1, \ldots, m_k; \quad k = 1, \ldots, n$$
$$x_j^k (m_j^k(x) - 1) = 0 \qquad j = 1, \ldots, m_k; \quad k = 1, \ldots, n;$$

dann ist

(79)
$$\bar{x} := (\bar{x}^1, \ldots, \bar{x}^m), \quad \bar{x}^i := \frac{x^{i*}}{e_{m_i} \cdot x^{i*}}$$

ein Nash-Gleichgewichtspunkt für das Spiel $\Gamma(S^{m_1}, \ldots, S^{m_n}; A^1, \ldots, A^n)$.

Falls $A^k(\omega) > 0$ für alle $\omega \in I_1 \times \ldots \times I_n$, $k = 1, \ldots, n$, so besteht eine eineindeutige Beziehung zwischen Lösungen x^* von (78) und Gleichgewichtspunkten $\bar{x}$ des n-Personen-Spiels. Die Beziehung ist gegeben durch (79) und $x^* := (x^{1*}, \ldots, x^{n*})$

(80)
$$\text{mit } x^{i*} := (\alpha_i)^{-1} \bar{x}^i, \; i = 1, \ldots, n \quad \text{und} \quad \alpha_i := \left[\frac{\prod_{k \neq i} (p_k(\bar{x}))}{p_i(\bar{x})^{N-2}} \right]^{\frac{1}{N-1}}$$

Beweis

Analog zu Satz I. 6. 3. Δ

Die Funktionen $m_j^k(x)$ sind homogen vom Grade N-1 und strikt copositiv, falls $A^k(\omega) > 0$ ist. Nach Satz I. 13. 1 besitzt das Komplementaritätsproblem (78) daher eine Lösung. Damit ist der nachfolgende Existenzsatz bewiesen.

Satz I. 14. 5

Das Spiel $\Gamma(S^{m_1}, S^{m_2}, \ldots, S^{m_n}; A^1, \ldots, A^n)$ besitzt mindestens einen Nash-Gleichgewichtspunkt.

Kojima (1974) verallgemeinerte die Resultate von Wilson und Rosenmüller. Karamardian (1969) betrachtete Spiele mit streng konkaven Auszahlungsfunktionen und zeigte die Existenz von Gleichgewichtspunkten. Der speziell interessierte Leser sei auf diese Literatur verwiesen.

Der Fixpunktsatz von Brouwer

Der für die mathematische Oekonomie fundamentale Fixpunktsatz von Brouwer wird entsprechend ausführlich im Teil II behandelt. Hier soll allein gezeigt werden, dass der Satz (in einer speziellen Form) mit Hilfe der Komplementaritätstheorie konstruktiv bewiesen werden kann.

Satz I. 14. 6 (Brouwer)

Es sei $D := \{x \in R_+^n \mid \sum_{i=1}^{n} x_i \leq 1\}$ und $g: D \to D$ eine stetige Abbildung. Dann besitzt g einen Fixpunkt, d. h. es gibt ein $\bar{x} \in D$ mit $g(\bar{x}) = \bar{x}$.

Beweis

Die Abbildung $f: R_+^n \to R^n$ sei definiert durch

$$f(x) := x - g\left(\frac{x}{\max\{1, \sum_{i=1}^{n} x_i\}}\right)$$

Offensichtlich ist $\bar{x}$ genau dann ein Fixpunkt von g, falls $\bar{x}$ eine Lösung von $[f \mid R_+^n]$ ist. f erfüllt die Kojima-Bedingung I. 12. 4 für $U = \{x \in R_+^n \mid \|x\| = 2\}$, denn für alle $x \in U$ gilt

$$x \cdot f(x) = x \cdot x - x \cdot u \quad \text{mit} \quad u = g\left(\frac{x}{\max\{1, \sum_{i=1}^{n} x_i\}}\right)$$

$$\geq \|x\|^2 - \|x\| \, \|u\|$$

$$\geq 4 - 2 \cdot 1$$

$$> 0 . \qquad \Delta$$

Andere Anwendungen finden sich in der Bestimmung von Marktgleichgewichten (Debreu (1970)) oder in der Formulierung nichtlinearer Input-Output-Modelle (Tamir (1974)).

I. 15 Spezielle Triangulation von R^n

Bevor der Algorithmus in seiner endgültigen Form dargestellt wird, ist es notwendig, kurz auf spezielle Triangulationen einzugehen.

Im folgenden werden zwei Triangulationen behandelt, welche sich gut für die numerische Durchführung des Algorithmus eignen.

Im allgemeinen lässt sich eine Triangulation T von R^n beschreiben durch eine Menge T_E von Eckpunkten und eine Vorschrift, welche bestimmt, wie ein Simplex von T aus diesen Eckpunkten gebildet wird.

Zunächst wird die von H. Kuhn (1960) vorgeschlagene Triangulation beschrieben:

Sei T_E die Menge

(81) $$T_E = \{x \in R^n \,|\, x = (\xi_1 \cdot \lambda, \ldots, \xi_n \cdot \lambda); \;\; \xi_i \text{ ganz für } i = 1, \ldots, n\}$$

wobei λ die Feinheit der Triangulation T festlegt. Eine Teilmenge von (n+1) Punkten $V_1, \ldots, V_{n+1}$ aus T_E bestimmt genau dann ein n-Simplex aus T, wenn eine Ordnung dieser (n+1) Punkte und eine Permutation τ der Menge $\{1, \ldots, n\}$ existiert, derart dass

(82) $$\begin{aligned} V^1 &= V \in T_E \\ V^{j+1} &= V^j + \lambda \cdot e_{\tau_j}, \qquad j = 1, \ldots, n \end{aligned}$$

gilt. Dabei bezeichnet e_i den i-ten Standardeinheitsvektor von R^n.

Die Triangulation T besteht aus allen Simplexen $s = \mathrm{conv}(V^1, \dots, V^{n+1})$, deren Eckpunkte (82) erfüllen, und ihren Grenzflächen. Wie man leicht sieht, beträgt der Durchmesser δ dieser Triangulation

$$\delta = \sqrt{n} \cdot \lambda .$$

Eine Triangulation von R^n_+ erhält man, indem in (81) für ξ_i, $i = 1, \dots, n$, nur nichtnegative Werte zugelassen werden. Eine solche Triangulation induziert ihrerseits Triangulationen der Grenzflächen von R^n_+. Eine m-dimensionale ($m \leq n$) Grenzfläche von R^n_+ lässt sich nach (55) durch eine Indexmenge $I = \{i_1, \dots, i_m\}$, $I \subset \{1, \dots, n\}$, charakterisieren. Die Simplexe der auf dieser Grenzfläche induzierten Triangulation sind von der Form

$$(83) \quad \begin{aligned} V^1 &= V \in \overline{T}_E = \{x \in T_E \cap R^n_+ \mid x_i = 0 \text{ für alle } i \notin I\} \\ V^{j+1} &= V^j + \lambda \cdot e_{\tau_j}, \quad j = 1, \dots, m \end{aligned}$$

wobei τ eine Permutation von I ist.

Für solche Triangulationen T von R^n_+ werden nun die Operationen "Hinzufügen eines Eckpunktes" und "Streichen eines Eckpunktes" beschrieben. Zuvor sei noch bemerkt, dass ein Simplex aus T eindeutig bestimmt ist durch seinen Basispunkt V^1 und eine Permutation τ: $I \to I$, d. h. durch das Paar (V^1, τ).

a) Hinzufügen eines Eckpunktes

Sei durch (V^1, τ) ein m-Simplex in einer m-dimensionalen Grenzfläche von R^n_+ bestimmt. Durch Hinzufügen eines Eckpunktes erhält man ein (m+1)-Simplex $(V^{1'}, \tau')$ in einer (m+1)-dimensionalen Grenzfläche, charakterisiert durch $I' = I \cup \{j\}$, $j \notin I$. Dabei gilt

$$V^{1'} = V^1$$

$$\tau' = (\tau'_1, \dots, \tau'_{m+1}),$$

mit $\tau'_i = \tau_i$ für $i = 1, \dots, m$, und $\tau'_{m+1} = j$.

b) Streichen eines Eckpunktes

Mit $(V^{1'}, \tau')$ sei das zu (V^1, τ) benachbarte Simplex bezeichnet, welches man durch

Streichen von V^k erhält. Es werden vier Fälle unterschieden:

i) $k = 1$

$V^{1'} = V^2$

$\tau' = (\tau_2, \dots, \tau_m, \tau_1)$

ii) $1 < k \leq m$

$V^{1'} = V^1$

$\tau' = (\tau_1, \dots, \tau_{k-2}, \tau_k, \tau_{k-1}, \tau_{k+1}, \dots, \tau_m)$

iii) $k = m+1$ und $V^1 - \lambda \cdot e_{\tau_m} > 0$

$V^{1'} = V^1 - \lambda \cdot e_{\tau_m}$

$\tau' = (\tau_m, \tau_1, \dots, \tau_{m-1})$

iv) $k = m+1$ und $V^1 - \lambda \cdot e_{\tau_m} \not> 0$

In diesem Fall ist das zu (V^1, τ) benachbarte Simplex von der Dimension $(m-1)$ und $I' = I \setminus \{\tau_m\}$.

$V^{1'} = V^1$

$\tau' = (\tau_1, \dots, \tau_{m-1})$.

Schliesslich wird noch eine zweite Triangulation von R^n beschrieben. Diese Triangulation geht im wesentlichen auf Scarf und Hansen (1969) zurück. Sie unterscheidet sich von der Triangulation von Kuhn lediglich in der Vorschrift (82) resp. (83), die hier lautet

$$V^1 = V \in T_E$$
$$V^{j+1} = V^j + \lambda \cdot (e_{\tau_j} - e_{\tau_j - 1}) \qquad j = 1, \dots, n \tag{84}$$

mit $e_0 := (0, \dots, 0)$.

Bei beiden Triangulationen wird ein Würfel

$$C = \{x \in R^n \mid a_i \leq x_i \leq a_i + \lambda;\ i = 1, \dots, n\},$$

mit $a \in T_E$, in $n!$ Simplexe zerlegt.

I. 16 Die Verfeinerung

Im Satz 1. 11. 2 ist die Güte der approximierten komplementären Lösung in Abhängigkeit der Feinheit der Triangulation beschrieben. Je feiner man die Triangulation macht, desto besser wird die Approximation, aber gleichzeitig erhöht sich der Rechenaufwand. Nun kennt man im allgemeinen den Stetigkeitsmodul einer gegebenen Funktion nicht, so dass die Abschätzungen im Satz 1. 11. 2 vorwiegend theoretischer Art sind. Natürlich kann eine Abschätzung gemacht werden, nachdem ein komplementäres Simplex bestimmt worden ist; genügt diese Lösung nicht der gewünschten Genauigkeit, so könnte man den Basisalgorithmus mit einer feineren Triangulation nochmals verwenden. Dabei ist es wahrscheinlich, dass die Rechenzeit für den neuen Lauf grösser wird. Bestimmt vorzuziehen wäre ein Algorithmus, welcher für das Auffinden einer besseren Approximation von der ersten Approximation ausgeht. Der hier beschriebene Verfeinerungsalgorithmus wird dies ermöglichen.

Die Idee dieser Prozedur ist äusserst einfach: Für beliebiges $\lambda > 0$ sei T eine Triangulation des "Zylinders" $R_+^n \times [0, \lambda]$. ($\lambda$ entspricht später der Feinheit der Triangulation.) T induziert sowohl auf $R_+^n \times \{0\}$ wie auch auf $R_+^n \times \{\lambda\}$ eine Triangulation. Der Algorithmus startet jetzt in einem komplementären Simplex auf $R_+^n \times \{0\}$, und dieses Startsimplex ist so konzipiert, dass man nur in einem komplementären Simplex in $R_+^n \times \{\lambda\}$ enden kann. Die Aufgabe, ein komplementäres Simplex in $R_+^n \times \{0\}$ zu bestimmen, muss äusserst einfach sein, d. h. am besten gibt man sich ein Simplex $\bar{s}$ vor und bestimmt dazu eine Markierung, welche garantiert, dass $\bar{s} \in R_+^n \times \{0\}$ das bezüglich dieser Markierung einzige komplementäre Simplex in $R_+^n \times \{0\}$ ist. Für die Punkte in $R_+^n \times \{\lambda\}$ wählt man die in (56) definierte Markierung. Man muss dann zeigen, dass der Verfeinerungsalgorithmus allein in einem komplementären Simplex in $R_+^n \times \{\lambda\}$ enden kann. Im folgenden soll eine ausführliche mathematische Präsentation der eben beschriebenen Idee gegeben werden.

Definition

Eine Grenzfläche von $R_+^n \times \{0\}$ entspricht einer Grenzfläche von $R_+^n \times \{\lambda\}$, falls beide Grenzflächen durch die gleiche Folge von Indices (siehe (55)) charakterisiert werden können. (D. h. beide Kegel werden von den gleichen erzeugenden Vektoren aufgespannt.)

Definition

C' ist eine Grenzfläche von $R_+^n \times [0, \lambda]$, wenn entweder C' eine Grenzfläche von

$R_+^n \times \{0\}$, resp. $R_+^n \times \{\lambda\}$, oder $C' = \text{conv}(C_1 \cup C_1')$, wobei C_1 resp. C_1' sich <u>entsprechende</u> Grenzflächen von $R_+^n \times \{0\}$ resp. $R_+^n \times \{\lambda\}$ sind.

Als Beispiel diene eine Triangulation von $R_+^1 \times [0, \lambda]$ in Fig. 14:

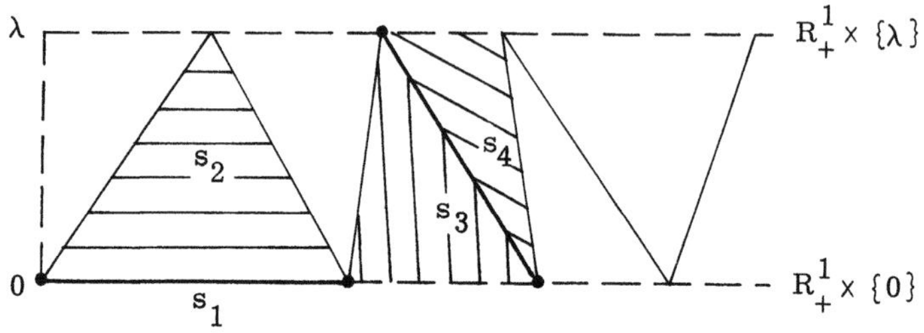

Fig. 14

Das nächste Lemma folgt unmittelbar aus der Definition von Grenzflächen:

Lemma I. 16. 1

Zu jeder m-dimensionalen Grenzfläche C' $(m \le n+1)$ von $R_+^n \times [0, \lambda]$, welche <u>nicht</u> Grenzfläche von $R_+^n \times \{0\}$ bzw. $R_+^n \times \{\lambda\}$ ist, existiert genau eine aufsteigend geordnete Teilmenge von (m-1) Indices $\{i_1, \ldots, i_{m-1}\} \subset \{1, \ldots, m\}$ derart, dass $x_{i_1}, \ldots, x_{i_{m-1}} > 0$ für alle $x \in \text{ri}(C')$.

(Bemerkung: für $m = 1$ besteht die Grenzfläche aus der Strecke $(0, t)$; $0 \in R^n$, $0 \le t \le \lambda$.)

Lemma I. 10. 2, welches als Basis des Grundalgorithmus angesehen werden kann, behält für eine Triangulation von $R_+^n \times [0, \lambda]$ seine Gültigkeit. Allein die Dimension der Simplexe ändert sich. Vollständigkeitshalber sei dieses Lemma in der modifizierten Form nochmals angegeben.

Lemma I. 16. 2 (analog zu Lemma I. 10. 2)

Gegeben sei eine Triangulation T von $R_+^n \times [0, \lambda]$. Dann gilt

(i) Falls C' eine Grenzfläche von $R_+^n \times [0,\lambda]$, dann ist durch $T' = \{s \in T \mid s \subset C'\}$ eine Triangulation auf C' definiert.

(ii) Jedes Mitglied der Triangulation T ist Grenzfläche eines (n+1)-Simplex aus T.

(iii) Jedes n-Simplex $t \in T$ ist Grenzfläche von höchstens zwei (n+1)-Simplexen der Triangulation, genauer

- falls t enthalten ist in einer gleichdimensionalen Grenzfläche von $R_+^n \times [0,\lambda]$, dann gibt es genau ein (n+1)-Simplex $s \in T$, welches t als Facette besitzt;
- andernfalls gibt es genau zwei (n+1)-Simplexe, welche t als Facette besitzen.

In Fig. 14 sind beide Fälle dargestellt. Die Definition benachbarter Simplexe bleibt wie in Kapitel I. 10; allein die Dimension der Simplexe ändert sich entsprechend zu Lemma I. 16. 2.

Die Verfeinerungsstufe

Gegeben sei eine spezielle Triangulation T der Menge $R_+^n \times [0, \lambda]$ derart, dass alle Eckpunkte der Triangulation entweder in $R_+^n \times \{0\}$ oder $R_+^n \times \{\lambda\}$ liegen (siehe Fig. 14).

Durch T wird auf $R_+^n \times \{0\}$ nach Lemma I. 16. 2 eine Triangulation T_1 definiert. Es sei $\bar{s} \in T_1$ ein ausgezeichnetes Simplex, bei welchem die Verfeinerung gestartet werden soll (beispielsweise enthalte $\bar{s}$ eine erste approximative Lösung).

Es bezeichne $\ell_{\bar{s}}(x)$ eine Markierung, definiert in R_+^n, derart, dass bei einer gegebenen Triangulation T_1 $\bar{s}$ das einzige komplementäre Simplex in $R_+^n \times \{0\}$ ist.

Die Markierung der Punkte $(x, t) \in R_+^n \times [0, \lambda]$ ist nun folgendermassen definiert:

$$(85) \qquad \ell^*(x,t) = \begin{cases} \ell(x)\ , & \text{falls } t > 0,\ \ \ell(x) \text{ definiert in (56)} \\ \ell_{\bar{s}}(x)\ , & \text{falls } t = 0. \end{cases}$$

Nach Lemma I. 11. 1 ist $\bar{s}$ enthalten in einer eindeutig bestimmten Grenzfläche von $R_+^n \times \{0\}$, welche durch die Folge $i_1, \ldots, i_m$ definiert werden kann (m ist die Dimension des Simplex $\bar{s}$). Nach Lemma I. 16. 1 ist durch diese Folge eine (m+1)-dimensionale Grenzfläche von $R_+^n \times [0, \lambda]$ eindeutig bestimmt. Lemma I. 16. 2 garantiert die Existenz eines eindeutig bestimmten (m+1)-Simplex s_1, welches $\bar{s}$ als Facette besitzt. s_1 wird aus $\bar{s}$ erhalten, indem ein neuer Eckpunkt V hinzugefügt wird. Auf s_1 sei j die Markierung von V; dann sind genau zwei Fälle möglich, entweder ist

- j die Markierung für zwei verschiedene Eckpunkte $V^1 = V$ und V^2, oder
- j die Markierung für den Eckpunkt V und $x_j = 0$ auf s_1.

Man wendet nun den Basisalgorithmus an, mit dem Unterschied, dass alle im folgenden erzeugten Simplexe komplementär bezüglich ℓ^* sind. Durch $\bar{s}$ ist das Startsimplex und die zu unternehmende Zustandsänderung eindeutig bestimmt. Jede erlaubte Zustandsänderung führt wiederum in ein komplementäres Simplex (bezüglich ℓ^*).

Im nächsten Lemma ist eine wesentliche Eigenschaft komplementärer Simplexe in $R^n_+ \times [0, \lambda]$ bewiesen.

Lemma I. 16. 3

Es sei s ein komplementäres Simplex in T, welches nicht in einer Grenzfläche von $R^n_+ \times \{0\}$, bzw. $R^n_+ \times \{\lambda\}$ liegt. Dann gibt es genau einen Index j derart, dass entweder

(i) j die Markierung für zwei verschiedene Eckpunkte V^1 und V^2, oder

(ii) j die Markierung für den Eckpunkt V^1 und $x_j = 0$ auf s ist.

Beweis

Es sei $\{i_1, \dots, i_m\}$ die maximale Menge der Indices, für welche gilt $x_{i_1}, \dots, x_{i_m} > 0$ für alle $x \in ri(s)$. Nach Lemma I. 16. 1 definiert die Indexmenge $\{i_1, \dots, i_m\}$ eine (m+1)-dimensionale Grenzfläche. Da s nicht enthalten ist in einer Grenzfläche von $R^n_+ \times \{0\}$, bzw. $R^n_+ \times \{\lambda\}$, besitzt s ebenfalls die Dimension (m+1) und daher (m+2) Eckpunkte. s ist komplementär, daher müssen $i_1, \dots, i_m$ und (n+1) Markierungen der (m+1) Eckpunkte sein. O. B. d. A. sei i_k die Markierung des Eckpunkts V^k, $k = 1, \dots, m$ und (n+1) die Markierung des Eckpunkts V^{m+1}; j bezeichne die Markierung von V^{m+2}.

Entweder gilt nun $j \in \{ \{i_1, \dots, i_m\} \cup (n+1) \}$, woraus Fall (i) folgt, oder $j \notin \{(i_1, \dots, i_m) \cup (n+1) \}$, was den Fall (ii) des Lemmas impliziert. Δ

Die Schritte der Verfeinerungsstufe sind im wesentlichen dieselben wie beim Basisalgorithmus.

Im Kapitel I. 12 wurde eine allgemeine Bedingung dafür angegeben, dass der Basisalgorithmus nach einer endlichen Anzahl Schritten mit einem komplementären Simplex endet. Eine entsprechende Bedingung für Verfeinerungsstufen wird zum vornherein abhängen von der in $R^n_+ \times \{0\}$ definierten Markierungsvorschrift und von der speziellen Form der Triangulation.

Die nachfolgend formulierte Bedingung für die Existenz einer komplementären Lösung stammt von J. J. Moré (1974). Von Fisher und Tolle (1975) hingegen stammt der Beweis, dass diese Bedingung hinreichend ist für die Konvergenz einer Verfeinerungsstufe. Dieser Beweis benützt die Eigenschaften der Markierungsvorschrift

$$\ell_{\overline{s}}(x) = \begin{cases} n+1, \text{ falls } x \geq u \\ j, \text{ mit } x_j - u_j = \min\limits_{i=1,\ldots,n} (x_i - u_i), \text{ wobei } j \text{ der kleinste Index ist} \end{cases} \tag{86}$$

(vgl. (85), dabei ist $u \in \text{ri}(\overline{s})$ beliebig). Diese spezielle Markierungsvorschrift hängt ihrerseits mit der Triangulation von Kuhn zusammen: Ist nämlich T eine Kuhn'sche Triangulation, so überzeugt man sich, dass für $u \in \text{ri}(\overline{s})$ $\overline{s}$ das einzige komplementäre Simplex in T_1 ist.

Benützt man die Markierung (86) zur Definition von ℓ^*, so können analog zu den Kojima-Bedingungen I. 12. 4 für die Verfeinerungsstufen Konvergenzbedingungen formuliert werden.

Für $r > 0$ bezeichne B_r die Menge

$$B_r = \{y \in R^n_+ \mid \max_{i=1,\ldots,n} \{y_i\} = r\}.$$

<u>Satz I. 16. 4</u> (Moré (1974), Fisher und Tolle (1975))

Sei $f: R^n_+ \to R^n$ eine stetige Funktion. Weiter sei vorausgesetzt, dass ein festes $u \in R^n_+$ und ein festes r mit $r > \max\limits_{i=1,\ldots,n} \{u_i\}$ existieren, so dass für jedes $x \in B_r$ gilt

$$\max_{i=1,\ldots,n} \{(x_i - u_i) \cdot f_i(x)\} > 0 .$$

Das Startsimplex $\overline{s}$ sei so gewählt, dass $u \in \text{ri}(\overline{s})$ ist. Falls der Duchmesser δ von T klein genug ist, so bricht die Verfeinerungsstufe nach einer endlichen Anzahl Schritten mit einem komplementären Simplex in $R^n_+ \times \{\lambda\}$ ab.

<u>Beweis</u>

Es genügt zu zeigen, dass alle Simplexe der vom Algorithmus erzeugten Folge einen leeren Durchschnitt mit der Menge $B_r \times [0, \lambda]$ haben.

Sei also s ein Simplex aus dieser Folge, welches den Punkt $(x, t) \in B_r \times [0, \lambda]$ enthält. Dann gibt es ein $i \in \{1, \ldots, n\}$ mit

$$(x_i - u_i) \cdot f_i(x) > 0 .$$

Falls $x_i > u_i$ ist, dann muss $f_i(x) > 0$ sein. Es gibt also eine Umgebung U_1 von x, so dass für alle $y \in U_1$ gilt

$$\ell(y) \neq i ; \quad \ell_{\bar{s}}(y) \neq i .$$

Falls $x_i < u_i$ ist, dann ist $f_i(x) < 0$. Also gilt für alle $y \in U_2$

$$\ell(y) \neq n+1 ; \quad \ell_{\bar{s}}(y) \neq n+1 .$$

Für genügend kleines δ ergibt sich in beiden Fällen ein Widerspruch zur Annahme, s gehöre zu der vom Algorithmus erzeugten Folge der bezüglich ℓ^* komplementären Simplexe. Δ

Damit ist auch ein konstruktiver Beweis der Moré-Bedingung für die Existenz einer komplementären Lösung zu $[f \mid R^n_+]$ gegeben.

Bei Fisher und Tolle (1975) findet man noch eine etwas allgemeinere Bedingung für die Konvergenz einer Verfeinerungsstufe.

Der Verfeinerungsalgorithmus

Der Verfeinerungsalgorithmus besteht aus einer Reihe von Verfeinerungsstufen, wobei das Startsimplex jeder Verfeinerungsstufe die vorgängig ermittelte approximative Lösung enthält.

Der nachfolgend beschriebene Verfeinerungsalgorithmus benützt die Triangulation von Kuhn sowie die Markierung (86). Bei jeder neuen Verfeinerungsstufe wird die Feinheit der Triangulation um den Faktor w, $0 < w < 1$, verkleinert. v(i) bezeichnet die i-te Komponente des Vektors v.

Schritt 0: Festlegen des Startpunktes u, der Feinheit λ, des Faktors w und des Abbruchkriteriums ϵ (vgl. (76)). Gehe zu 1.

Schritt 1: (Definieren eines Startsimplex in $R^n_+ \times \{0\}$)

Setze $I := \{i \in \{1, \dots, n\} \mid u(i) > 0\}$

$q := |I| + 1$ (= Anzahl Eckpunkte des Startsimplex)

Für alle $i \in I$ setze

$v(i) \; := a \cdot \lambda$, wobei a die grösste ganze Zahl ist mit $a \cdot \lambda < u(i)$

$v(j) \; := 0$ für alle $j \notin I$

$v(n+1) := 0$

$V^1 \; := v$.

Für $i = 2, \ldots, q$ setze

$V^i \; := V^{i-1} + \lambda e_j$, wobei $j = \ell(V^{i-1})$ ist

$p \; := q$ (= Nummer des zuletzt ersetzten Eckpunktes)

$k \; := n+1$ (= Markierung von V^p).

Gehe zu 2.

Schritt 2: (Eruieren des zu ersetzenden Eckpunktes)

Bestimme dasjenige $j \in \{1, \ldots, q\} \setminus \{p\}$, für welches $\ell(V^j) = k$ gilt.
Falls kein solches j existiert, gehe zu 3, sonst zu 4.

Schritt 3: (Erhöhen der Anzahl Eckpunkte)

Setze $I \; := I \cup \{k\}$

$q \; := q+1$

$V^q \; := V^{q-1} + \lambda e_k$

$p \; := q$

$k \; := \ell(V^p)$.

Gehe zu 2.

Schritt 4: (Ersetzen eines Eckpunktes)

Falls $j = 1$ und $V^2 - V^1 = \lambda \cdot e_{n+1}$, gehe zu 6, sonst
falls $j = 1$, setze

$z \; := V^2 - V^1$

für alle $i = 2, \ldots, q$ setze

$V^{i-1} := V^i$

$V^q \; := V^{q-1} + z$

$p \; := q$

$k \; := \ell(V^p)$.

Gehe zu 2.

Falls $j = q$, setze

$z \; := V^q - V^{q-1}$,

falls $V^1 \not\geq z$ gehe zu 5, sonst setze für alle $i = q-1, \ldots, 1$

$V^{i+1} := V^i$

$V^1 := V^2 - z$

$p := 1$

$k := \ell(V^p)$.

Gehe zu 2.

Falls $1 < j < q$, setze

$V^j := V^{j-1} - V^j + V^{j+1}$

$p := j$

$k := \ell(V^p)$.

Gehe zu 2.

Schritt 5: (Verringern der Anzahl Eckpunkte)

Bestimme dasjenige k mit $\lambda \cdot e_k = z$.

Setze $I := I - \{k\}$

$q := q - 1$

$p := 0$

Gehe zu 2.

Schritt 6: (Verfeinerung)

Bestimme p derart, dass $\ell(V^p) = n+1$;

falls $V^p \cdot f(V^p) < \epsilon$, gehe zu 7, sonst setze

$u := V^p$

$\lambda := \lambda \cdot w$.

Gehe zu 1.

Schritt 7: (Ende)

V^p ist eine zulässige approximative Lösung zu $[f \mid R^n_+]$.

Es sei darauf hingewiesen, dass die erste Verfeinerungsstufe für $u = 0$ genau dem Basisalgorithmus entspricht.

Korollar I. 16. 5

Falls die stetige Funktion $f: R^n_+ \to R^n$ monoton ist und die Bedingung I. 12. 4 (oder die Voraussetzungen von Satz I. 16. 4) erfüllt, dann bricht jede Stufe des Verfeinerungsalgorithmus nach endlich vielen Schritten mit einem komplementären Simplex in $R_+^n \times \{\lambda\}$ ab, falls die Triangulation fein genug ist.

Beweis

Die erste Verfeinerungsstufe endet mit einem komplementären Simplex. Dieses Simplex besitzt einen Eckpunkt u mit $f(u) > 0$. Wegen der Monotonieeigenschaft gibt es zu diesem u ein r mit $r > \max_{i=1,\dots,n} u_i$, so dass zu jedem $x \in B_r$ ein $j \in \{1,\dots,n\}$ existiert mit

$$(x_j - u_j) \cdot f_j(x) > 0 .$$

(Der Beweis entspricht demjenigen von Satz I. 13. 7.) Nach Satz I. 16. 4 ist die Konvergenz der nächsten Verfeinerungsstufe gesichert, falls die Feinheit der Triangulation genügend verkleinert wird. Δ

II. TEIL: FIXPUNKTALGORITHMEN

II. 1 Einleitung

Fixpunkteigenschaften von Abbildungen sind in mathematischen Untersuchungen oft von fundamentaler Bedeutung. Beispielsweise lässt sich die Frage, ob ein nichtlineares Gleichungssystem eine Lösung besitzt, mit Hilfe von Existenzsätzen aus der Fixpunkttheorie beantworten. Innerhalb der mathematischen Oekonomie kommt den Fixpunktsätzen eine zentrale Stellung zu. So war der Beweis der Existenz von Gleichgewichtspreisen in ökonomischen Systemen erst mit Hilfe des berühmten Satzes von Brouwer möglich. Es ist daher nicht erstaunlich, dass das erste numerisch brauchbare Verfahren von einem Oekonomen entwickelt wurde. H. Scarf veröffentlichte 1967 einen Algorithmus zur Bestimmung von Fixpunkten einer stetigen Abbildung eines Simplex in sich, deren Existenz bereits 1910 von L. E. Brouwer bewiesen wurde. Wie bereits erwähnt, ist Scarf's Methode eng mit dem Lemke-Algorithmus verwandt und darf als eine der wichtigsten Auswirkungen der Komplementaritätstheorie betrachtet werden. Scarf's Entdeckung öffnete das Feld zu einem neuen Forschungsgebiet. Die Effizienz der numerischen Verfahren wurde verbessert durch H. Kuhn (1968), C. Eaves (1971d), C. Eaves und R. Saigal (1972), O. H. Merrill (1972). In Merrill's Dissertation ist ein besonders einfacher Algorithmus zur Bestimmung von Fixpunkten gewisser Abbildungen des R^n in sich beschrieben, auf welche sich die vorliegende Arbeit besonders stützt.

Ausgehend vom klassischen Beweis des Brouwer'schen Fixpunktsatzes mit Hilfe des Sperner-Lemmas wird im nächsten Abschnitt gezeigt, wie sich die im Kapitel I. 12 beschriebene Methode zum Aufsuchen eines approximativen Fixpunktes verwenden lässt. Anschliessend wird Scarf's ursprüngliche Methode beschrieben. Das Konzept der Vektor-Markierung (Eaves (1971d), Eaves-Saigal (1972), Merrill (1972)), welches zu einer wesentlichen Verbesserung der Algorithmen führt, wird im 4. Kapitel dargestellt. Hier findet sich auch ein konstruktiver Beweis des Fixpunktsatzes von Kakutani. Mathematische Optimierungsaufgaben, Berechnung von Gleichgewichtspreisen und die Bestimmung von Nash-Gleichgewichtspunkten für Spiele werden im Kapitel 5 als Fixpunktaufgaben formuliert.

II. 2 Der Fixpunktsatz von Brouwer

Stetige Abbildungen kompakter konvexer Mengen in sich haben die wichtige Eigenschaft, dass sie einen Fixpunkt besitzen.

Definition

Es seien eine Teilmenge C des R^n und eine Abbildung $f: C \to C$ gegeben. Ein Punkt $\overline{x} \in C$ heisst Fixpunkt von f, falls gilt $f(\overline{x}) = \overline{x}$.

Satz II. 2. 1 (Brouwer)

Es sei C eine kompakte, konvexe Teilmenge des R^n. Dann besitzt jede stetige Abbildung $f: C \to C$ mindestens einen Fixpunkt.

Dieser Satz kann mit Hilfe eines kombinatorischen Lemmas, dem Sperner-Lemma, bewiesen werden. Um die Strategie zu verdeutlichen, die Scarf und später auch Kuhn verfolgten, soll das Sperner-Lemma hier dargestellt werden.

Es sei vorerst bemerkt, dass es genügt, den Fixpunktsatz für eine spezielle konvexe Menge S zu beweisen (z. B. für ein Simplex), da jede gleichdimensionale Menge C eineindeutig und stetig auf S abgebildet werden kann (siehe Nikaido (1972) pp. 304).

Definition

Es sei S ein Standardsimplex der Dimension (n- 1), d. h. $S = \operatorname{conv}\{e_1, \dots, e_n\}$ (e_i := i-ter Standardeinheitsvektor des R^n) und $p \in S$ beliebig. Der Träger von p ist jene Grenzfläche von S, deren relatives Innere p enthält.

Im Kapitel I. 11 wurde das Konzept der Markierung einer Menge eingeführt, das hier wiederum benötigt wird.

Definition

Die Markierung $\ell: S \to \{1, \dots, n\}$ heisst eigentliche Markierung, falls für alle $x \in S$ aus $\ell(x) = j$ folgt, dass e_j ein Eckpunkt des Trägers von x, d. h. $x_j > 0$ ist.

In Fig. 15 sind für das 2-dimensionale Standardsimplex für jede Grenzfläche die erlaubten Indexmengen für eine eigentliche Markierung angegeben.

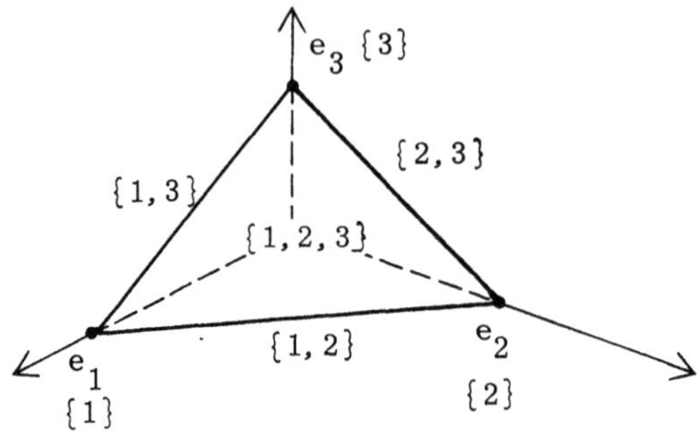

Fig. 15

Es bezeichne T eine Triangulation (siehe Kapitel I. 10) des (n-1)-dimensionalen Standardsimplex S.

Definition

Ein (n-1)-Simplex $s \in T$ heisst vollständig markiert, falls jeder Index $j \in \{1, \ldots, n\}$ eine Markierung eines Eckpunktes von s ist, die n Eckpunkte von s also verschieden markiert sind.

Lemma II. 2. 2 (Sperner (1928); schwache Form)

Es sei ℓ eine eigentliche Markierung von S. Dann gibt es mindestens ein vollständig markiertes (n-1)-Simplex in T.

Das Sperner-Lemma bildet nun die Basis für den Beweis des Brouwer'schen Fixpunktsatzes:

Beweis des Satzes II. 2. 1

Ohne Einschränkung der Allgemeinheit wird der Beweis für ein (n-1)-Standardsimplex S durchgeführt. Sei $f: S \to S$ eine stetige Abbildung und $\ell: S \to \{1, \ldots, n\}$ mit

(1) $$\ell(x) = j, \text{ wobei } j = \min \{k \mid x_k > 0, \; x_k \geq f_k(x)\}$$

eine Markierung. Offenbar ist ℓ wohl definiert und eigentlich.

Nun bezeichne $T^{(m)}$ eine Triangulation von S mit Durchmesser 1/m. Aus dem Sperner-Lemma folgt dann die Existenz eines bezüglich (1) vollständig markierten (n-1)-Simplex $s^{(m)} \in T^{(m)}$. Aus der Stetigkeit von f und der Kompaktheit von S folgt für $m \to \infty$ die Existenz eines Punktes $\bar{x} \in S$ (Häufungspunkt der Folgen der Eckpunkte von $s^{(m)}$) mit

(2) $$\bar{x}_j \geq f_j(\bar{x}) \geq 0 \qquad \text{für } j = 1, \ldots, n.$$

Da sowohl $\bar{x} \in S$ wie auch $f(\bar{x}) \in S$ gilt, folgt aus $e \cdot \bar{x} = e \cdot f(\bar{x}) = 1$, dass $\bar{x} = f(\bar{x})$ ist. Δ

Falls dieser Beweis die Basis eines konstruktiven Verfahrens sein soll, müssen die folgenden Schwierigkeiten überwunden werden:

(i) Der Fixpunkt ist der Grenzwert einer unendlichen Folge (nämlich einer Folge von vollständig markierten Simplexen). Man erkennt daraus, dass Kriterien für eine endliche Approximation gefunden werden müssen.

(ii) Mit zunehmender Feinheit der Triangulation wächst die Anzahl der Simplexe in T exponentiell. Daraus schliesst man, dass anstelle der expliziten Enumeration ein systematisches Vorgehen zum Aufsuchen eines Sperner-Simplex benötigt wird.

Beide Phänomene sind bereits im ersten Teil dieses Buches bei der Bestimmung eines komplementären Simplex aufgetreten. Der dort präsentierte Algorithmus hatte genau diese Schwierigkeiten zu überwinden.

Definition

$x \in S$ heisst ϵ-approximativer Fixpunkt der Abbildung $f\colon S \to S$, falls $\|f(x) - x\| < \epsilon$ ist. (Oder, falls $|f(x) - x| < \epsilon$ ist, wobei $|\cdot|$ die Maximumnorm bezeichnet.)

Beschränkt man sich darauf, anstatt eines exakten einen ϵ-approximativen Fixpunkt zu bestimmen, so ist die endliche Approximation, wie gleich gezeigt wird, gewährleistet. Allerdings kann man aus $\|f(x) - x\| < \epsilon$ im allgemeinen nicht folgern, dass in der Nähe ein exakter Fixpunkt liegt.

Man erhält einen ϵ-approximativen Fixpunkt, indem man ein Sperner-Simplex einer Triangulation bestimmt:

Satz II. 2. 3

Es sei f eine stetige Abbildung eines (n-1)-Simplex S in sich und es sei $\delta > 0$ gegeben. $\epsilon > 0$ sei als eine Funktion von δ durch den Stetigkeitsmodul von f bestimmt. Weiter sei T eine Triangulation von S mit Durchmesser δ und $s \in T$ ein bezüglich der Markierung (1) vollständig markiertes Simplex. Dann gilt für alle $x \in s$

$$|f(x) - x| < (n-1)(\delta + \epsilon) .$$

Beweis

Sei $n > 1$ ($n = 1$ ist trivial) und sei ferner $s = \mathrm{conv}(V^1, \dots, V^n)$. Ohne Einschränkung der Allgemeinheit sei $\ell(V^k) = k$, $k = 1, \dots, n$.

Wähle $x \in s$ beliebig. Dann gilt wegen der Definition (1) von ℓ

(i) für $i = 1, \dots, n$

$$\begin{aligned} f_i(x) - x_i &= f_i(x) - f_i(V^i) + f_i(V^i) - V_i^i + V_i^i - x_i \\ &\le f_i(x) - f_i(V^i) + V_i^i - x_i, \quad \text{da } f_i(V^i) - V_i^i \le 0 \\ &< \epsilon + \delta , \end{aligned}$$

(ii) für $i \le n - 1$

$$\begin{aligned} f_i(x) - x_i &= f_i(x) - f_i(V^n) + f_i(V^n) - V_i^n + V_i^n - x_i \\ &\ge f_i(x) - f_i(V^n) + V_i^n - x_i, \quad \text{da } f_i(V^n) - V_i^n \ge 0 \\ &> -\epsilon - \delta . \end{aligned}$$

(iii) Für $i = n$ folgt nun

$$\begin{aligned} f_n(x) - x_n &= 1 - \sum_{i=1}^{n-1} f_i(x) + \sum_{i=1}^{n-1} x_i - 1 \\ &= \sum_{i=1}^{n-1} (-f_i(x) + x_i) \\ &> (n-1)(-\delta - \epsilon), \quad \text{wegen (ii)} . \end{aligned}$$

Aus (i), (ii) und (iii) schliesslich folgt

$$|f_i(x) - x_i| < (n-1)(\delta + \epsilon) . \quad \Delta$$

Satz II. 2. 3 zeigt, dass das Auffinden einer ϵ- approximativen Lösung ein endlicher Prozess ist. Eine systematische Methode zur Bestimmung eines Sperner-Simplex wurde von H. Kuhn (1968) entwickelt. Dazu verwendete er die von Scarf stammende Technik. Auf eine ausführliche Beschreibung von Kuhn's Verfahren ist hier verzichtet. Es sei nur erwähnt, dass Kuhn ein künstliches Startsimplex einführte und dann über benachbarte Simplexe (alle der gleichen Dimension (n- 1)) einen eindeutigen Weg zu einem Sperner-Simplex definierte.

Im Kapitel I. 14 wurde die Aufgabe der Bestimmung eines Fixpunktes als Komplementaritätsproblem formuliert. Der Algorithmus zur Bestimmung eines komplementären Simplex lässt sich aber auch direkt zum Aufsuchen eines ϵ- approximativen Fixpunktes verwenden.

Es sei T eine Triangulation des (n- 1)-dimensionalen Standardsimplex S und ℓ: S $\rightarrow$ $\{1, \dots, n\}$ eine Markierung, definiert durch

$$(3) \qquad \ell(x) = \min \{i \mid f_i(x) \geq x_i\}, \quad x \in S .$$

Wendet man den in Kapitel I. 12 beschriebenen Basisalgorithmus zusammen mit der Markierung (3) an (Startsimplex kann jeder Eckpunkt von S sein), so endet dieser in einem komplementären Simplex, vgl. Abb. 16. (Dies folgt aus dem Lemma I. 12. 3 und der Endlichkeit der Anzahl Simplexe in T.)

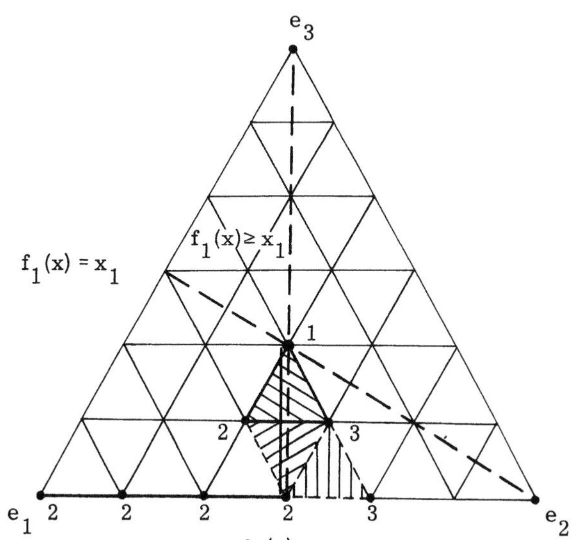

Bestimmung eines approximativen Fixpunktes der Abbildung f: S $\rightarrow$ S mit $f(x_1, x_2, x_3) = (x_3, x_1, x_2)$

Fig. 16

Satz II. 2. 3 behält seine Gültigkeit, falls man anstelle eines vollständig markierten ein komplementäres Simplex bezüglich der Markierung (3) bestimmt. Der Beweis dazu verläuft analog. Damit ist ein systematisches Verfahren zum Aufsuchen eines ϵ-approximativen Fixpunktes gegeben, welches nicht auf der Bestimmung eines Sperner-Simplex beruht.

Schliesslich sei erwähnt, dass ebenfalls eine Verfeinerungsprozedur, ähnlich der in Kapitel I. 16 beschriebenen, verwendet werden kann (siehe Lüthi (1975)).

Die bereits erwähnte Methode von H. Kuhn und das eben beschriebene Verfahren basieren beide auf den Ideen von H. Scarf, welche ausführlich in seinem Buch "The Computation of Economic Equilibria" (1973) beschrieben sind. Zur Vollständigkeit ist im nächsten Kapitel die Methode von H. Scarf skizziert, um den Ursprung des Triangulationskonzepts klarer zu beleuchten.

II. 3 Der Fixpunktalgorithmus von H. Scarf

Scarfs Algorithmus basiert auf einem strukturell zur Triangulation ähnlichen Gebilde, der sogenannten primitiven Menge.

Es sei S ein (n-1)-Standardsimplex und $k > n$ fest gewählt. Wähle aus S k-n beliebige, aber verschiedene und im relativen Innern von S liegende Punkte $x^{n+1}, x^{n+2}, \dots, x^k$. Weiter wähle n skalare Grössen $M_1, \dots, M_n$, welche

$$M_1 > M_2 > \dots > M_n > 1 \tag{5}$$

erfüllen.

Diesen skalaren Grössen seien n Punkte $x^1, \dots, x^n$ aus R^n_+ folgendermassen zugeordnet

$$x^i := (M_i, M_i, \dots, \underbrace{0}_{\text{i-te Stelle}}, M_i, \dots, M_i) \ .$$

Mit P_k sei nun die Menge dieser k Punkte bezeichnet, d. h. $P_k := \{x^1, x^2, \dots, x^k\}$.

Definition

Die aus n Elementen bestehende Teilmenge $\{x^{j1}, \dots, x^{jn}\}$ aus P_k bildet eine primitive Menge in P_k, falls es keinen Punkt $x^j \in P_k$ gibt, mit

$$x_i^j > \min \{x_i^{j_1}, \dots, x_i^{j_n}\} \quad \text{für } i = 1, \dots, n. \tag{6}$$

Geometrisch lässt sich einer primitiven Menge ein (n-1)-Simplex zuordnen, welches keinen Punkt aus P_k im Innern enthält.

Unter der geometrischen Realisation einer primitiven Menge $\{x^{j_1}, \dots, x^{j_n}\}$ versteht man die Menge

$$\{x \in S \mid x_i \geq \min \{x_i^{j_1}, \dots, x_i^{j_n}\}, \ i = 1, \dots, n\}. \tag{7}$$

Definiert man $a_i := \min \{x_i^{j_1}, \dots, x_i^{j_n}\}, i = 1, \dots, n$, so sieht man, dass $a_i \geq 0$ für $i = 1, \dots, n$ und $\sum_{i=1}^{n} a_i < 1$ ist. Die letzte Ungleichung folgt unmittelbar aus der Voraussetzung, dass $x^i \in S$ für $i = n+1, \dots, k$ ist. Nachfolgend wird gezeigt, dass die geometrische Realisation (7) ein Simplex ist.

Lemma II 3.1

Die Menge $s = \{x \in S \mid x_i \geq a_i, \ i = 1, \dots, n\}$ bildet ein (n-1)-Simplex, falls $a_i \geq 0$ für $i = 1, \dots, n$ und $\sum_{i=1}^{n} a_i < 1$ ist.

Beweis

Man zeigt, dass s als konvexe Linearkombination der n affin unabhängigen Vektoren

$$\begin{pmatrix} 1 - \sum_{i \neq 1} a_i \\ a_2 \\ \vdots \\ a_n \end{pmatrix} \begin{pmatrix} a_1 \\ 1 - \sum_{i \neq 2} a_i \\ \vdots \\ a_n \end{pmatrix}, \dots, \begin{pmatrix} a_1 \\ a_2 \\ \vdots \\ 1 - \sum_{i \neq n} a_i \end{pmatrix}$$

dargestellt werden kann. Δ

In Fig. 17 sind für $n = 3$ und $k = 6$ einige geometrische Realisationen primitiver Mengen eingezeichnet. Die Grenzflächen $x_i = 0$ $(i = 1, 2, 3)$ werden durch x^1, x^2, resp. x^3 charakterisiert. x^4, x^5, x^6 sind beliebige, aber fest gewählte Punkte im Innern von S. Beispielsweise bilden die 3 Punkte x^4, x^5, x^6 oder x^2, x^3, x^4 primitive Mengen. Andererseits bildet $\{x^1, x^2, x^4\}$ keine primitive Menge, denn x^6 liegt im Innern der geometrischen Realisation, d. h. des durch diese Punkte bestimmten 2-Simplex.

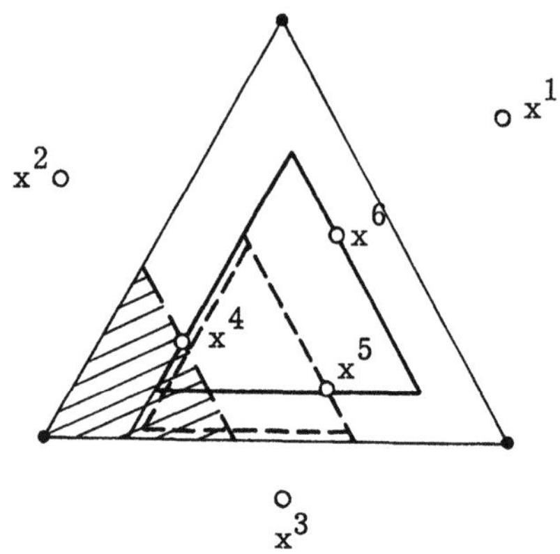

Fig. 17

Entfernt man aus der primitiven Menge $\{x^2, x^3, x^4\}$ das Element x^2 und versucht man nun aus P_k einen anderen Punkt $x^j \neq x^2$ derart zu bestimmen, dass die Menge $\{x^j, x^3, x^4\}$ wiederum primitiv ist, so sieht man in Fig. 17, dass $x^j = x^5$ der einzige mögliche Ersatz für x^2 ist. $\{x^5, x^3, x^4\}$ heisst dann zu $\{x^2, x^3, x^4\}$ <u>benachbart</u>.

Versucht man in der primitiven Menge $\{x^2, x^3, x^4\}$ den Punkt x^4 zu ersetzen, so sieht man, dass dies nicht möglich ist. Scarf bewies, dass in einer primitiven Menge (mit einer Ausnahme) die Ersetzung immer möglich und unter einer Nichtdegeneriertheitsvoraussetzung eindeutig bestimmt ist.

Definition

Die Menge $P_k = \{x^1, \dots, x^k\}$ heisst nichtdegeneriert, falls keine zwei Vektoren aus der Menge $\{x^{n+1}, \dots, x^k\}$ gleiche i-te Koordinaten für $i = 1, \dots, n$ besitzen.

Lemma II. 3. 2 (Scarf (1967))

Es sei P_k nichtdegeneriert und x^{j_α} ein beliebiger, aber fest bestimmter Vektor aus der primitiven Menge $\{x^{j_1}, \dots, x^{j_n}\}$. Dann gibt es, mit einer Ausnahme, einen eindeutig bestimmten Vektor $x^j \in P_k$, $j \neq j_\alpha$, derart, dass $\{x^{j_1},\dots,x^{j_{\alpha-1}}, x^j, x^{j_{\alpha+1}},\dots,x^{j_n}\}$ eine primitive Menge bildet. Die Ausnahme tritt auf, wenn die (n - 1) Vektoren x^{j_i}, $i \neq \alpha$, alle aus der Menge $\{x^1,\dots,x^n\} \subset P_k$ stammen. In diesem Falle ist keine Ersetzung möglich.

Lemma II. 3. 2 besagt, dass die primitiven Mengen, ebenso wie die Triangulationen (siehe Lemma I. 10. 1) diejenige Eigenschaft besitzen, welche die Anwendung des Graphenlemmas I. 2. 1 ermöglicht. Man bemerkt weiter, dass aus der Menge $\{x^1,\dots,x^n\}$ durch Ersetzen eines Punktes x^i immer eine eindeutig bestimmte primitive Menge gebildet werden kann. Konstruktiv lässt sich nun der zum Sperner-Lemma analoge Satz beweisen:

Satz II. 3. 3 (Scarf (1967))

Sei ℓ: $P_k \to \{1,\dots,n\}$ eine gegebene Markierung mit der Eigenschaft $\ell(x^i) = i$ für $i = 1,\dots,n$. Dann existiert eine vollständig markierte primitive Menge (d. h. alle n Punkte dieser Menge tragen eine verschiedene Markierung).

Zum Beweis des Fixpunktsatzes von Brouwer wählt man entsprechend für $x \in S$ die in (3) definierte Markierung, d. h. für $x^j \in P_k$, $j > n$ ist

$$\ell(x^j) = \min\{i \mid f_i(x^j) \geq x_i^j\},$$

wobei f die im Satz II. 2. 1 gegebene Funktion ist.

Das Problem der Nichtdegeneriertheit lässt sich leicht lösen (z. B. mit einer lexikographischen Ordnung), so dass für die numerische Berechnung die Punktmenge P_k implizite gespeichert werden kann. Eine ausführliche Beschreibung dieses Algorithmus mit ökonomischen Anwendungen findet sich im erwähnten Buch von H. Scarf (1973).

Im Gegensatz zu der im Kapitel II. 2 beschriebenen Methode erzeugt der Algorithmus von Scarf eine Folge überlappender Simplexe; ansonsten sind die beiden Verfahren aber strukturell ähnlich.

Scarfs Methode besitzt aber eine numerische Schwäche: Möchte man einen besseren ϵ-approximativen Fixpunkt bestimmen, d. h. die Anzahl Punkte in P_k vergrössern, so muss der Algorithmus neu gestartet werden. Von der bereits vorhandenen Information wird kein Gebrauch gemacht. Dieser Mangel wurde erstmals von Eaves (1971d) und später auch von Merrill (1972) behoben. In beiden Verfahren dient ein bekannter ϵ-approximativer Fixpunkt als Startpunkt in einer feineren Triangulation. Dazu verwenden beide ein erweitertes Markierungskonzept (Vektormarkierungen). (Die im Kapitel I. 16 beschriebene Verfeinerung geht konzeptuell auf die Methode von Merrill zurück, wie noch gezeigt werden wird.)

Ausgangspunkt der von Eaves (1971d) entwickelten Methode ist der Beweis eines kombinatorischen Satzes von Scarf (1967), Scarf und Hansen (1969).

Betrachte eine $(n \times k)$-Matrix A mit $k > n$ und $A_j = e_j$ für $j = 1, \dots, n$ (A_j bezeichnet die j-te Kolonne der Matrix A) und einen beliebigen nichtnegativen Vektor $b \in R^n$. Weiter sei eine Menge $P_k = \{x^1, \dots, x^k\}$, wie oben beschrieben, gegeben. Dann gilt:

Satz II. 3. 4 (Scarf (1967), Scarf und Hansen (1969))

Falls die Lösungsmenge des Systems

$$(8) \qquad \begin{aligned} Ax &= b \\ x &\geq 0 \end{aligned}$$

nichtleer und beschränkt ist, so existiert eine primitive Menge $\{x^{j_1}, \dots, x^{j_n}\}$ in P_k derart, dass die $(n \times n)$-Matrix $(A)_{j_1, \dots, j_n}$ eine zulässige Basis von (8) ist.

Beweis

Es seien sowohl das System (8) als auch P_k als nichtdegeneriert vorausgesetzt. (Ansonsten gibt es für beide Arten der Degeneriertheit lexikographische Verfahren.)

Da $b \geq 0$ ist, bildet die $(n \times n)$-Matrix $(A)_{1, \dots, n} = I$ eine (erste) zulässige Basis von (8). Dieser Basis entspricht die Menge $\{x^1, \dots, x^n\}$ aus P_k, welche nichtprimitiv ist.

Zur Initialisierung des algorithmischen Vorgehens ersetzt man x^1 durch $x^j \in P_k$ derart, dass $\{x^j, x^2, \dots, x^n\}$ eine primitive Menge bildet. Diese Ersetzung ist immer möglich und wegen der Nichtdegeneriertheit eindeutig bestimmt (siehe Lemma II. 3. 2 und die anschliessende Bemerkung). Dem Punkt $x^j \in P_k$ entspricht der Kolonnenvektor A_j, welcher nun durch einen zulässigen Austauschschritt in die Basis gebracht wird. Sei A_i die basisverlassende Kolonne. Falls $i = 1$, so ist das Problem gelöst; dann bildet $\{x^j, x^2, x^3, \dots, x^n\}$ eine primitive Menge und die assoziierte Matrix $A_{j,2,\dots,n}$ eine zulässige Basis. Ist $i \neq 1$, so entfernt man x^i aus der primitiven Menge. Nach Lemma II. 3. 2 gibt es genau ein $x^{j'} \in P_k$, welches zusammen mit den restlichen Punkten wiederum eine primitive Menge bildet. Wiederum, falls $j' = 1$, ist das Problem gelöst, sonst bringt man $A_{j'}$ durch einen zulässigen Austauschschritt in die aktuelle Basis. Sei A_i die die Basis verlassende Kolonne. Ist $i = 1$, so ist eine Lösung gefunden worden. Andernfalls wiederhole man dieses Vorgehen.

Zwei Beobachtungen erlauben die Anwendung des Graphenlemmas I. 2. 1.

(i) Wegen der Beschränktheit der Lösungsmenge zu (8) kann jeder beliebige Vektor von A durch einen zulässigen Austauschschritt in die Basis gebracht werden.

(ii) Die basisverlassende Kolonne ist wegen der Nichtdegeneriertheit eindeutig bestimmt.

Da die Anzahl primitiver Mengen endlich ist und keine dieser Mengen wiederholt auftritt, muss dieses Verfahren nach endlich vielen Schritten mit einer primitiven Menge $\{x^{j_1}, \dots, x^{j_n}\}$, deren assoziierte Matrix $(A)_{j_1, \dots, j_n}$ eine zulässige Basis bildet, abbrechen. Δ

Satz II. 3. 3 ist ein Spezialfall des obigen Satzes. Zum Beweis dieses Satzes betrachtet man die dort gegebene Markierung ℓ: $P_k \to \{1, \dots, n\}$. Assoziiert man zu x^j den $\ell(x^j)$-ten Einheitsvektor und wählt man $b = e$, so garantiert Satz II. 3. 4 die Existenz einer primitiven Menge $\{x^{j_1}, \dots, x^{j_n}\}$, deren assoziierte Matrix $(A)_{j_1, \dots, j_n}$ eine zulässige Basis zu $Ax = e$ ist. Die einzige Basis, welche aber aus A gebildet werden kann, ist die Einheitsmatrix, was beweist, dass alle Punkte in der primitiven Menge verschiedene Markierungen tragen.

Neben den Anwendungen in der mathematischen Programmierung und zum Beweis des Fixpunktsatzes von Kakutani lässt sich Satz II. 3. 4 zur Bestimmung von Gleichgewichtspreisen eines allgemeinen Walras-Modells verwenden (siehe Scarf (1973)).

Eaves Verallgemeinerung bestand darin, anstelle von primitiven Mengen mit Simplexen einer Triangulation zu arbeiten. Wie bereits erwähnt, besitzen beide Gebilde analoge Strukturen, welche das Austauschen von Elementen gestatten (analog dem Pivotieren im Lemke-Algorithmus). Jedem Eckpunkt der Simplexe einer Triangulation von R^n assoziiert man einen Kolonnenvektor einer Matrix A und pivotiert so lange, bis eine zulässige Lösung eines ganz bestimmten Systems gefunden wird. Im nächsten Kapitel ist dieses Verfahren ausführlich beschrieben.

II. 4 Bestimmung von Fixpunkten konvexer, obenhalbstetiger Korrespondenzen

In diesem Kapitel werden Fixpunkte mengenwertiger Abbildungen, sogenannter Korrespondenzen, untersucht. Kakutani veröffentlichte 1941 einen der ersten Existenzsätze für konvexe Korrespondenzen. Dieser ist eine unmittelbare Verallgemeinerung des Fixpunktsatzes von Brouwer. Innerhalb der mathematischen Oekonomie und Spieltheorie ist dieser Satz, welcher zu den starken Aussagen in diesen Bereichen führte, fundamental.

Nachfolgend wird die Fixpunkteigengschaft für eine Klasse von Korrespondenzen konstruktiv bewiesen, welche ebenfalls die von Kakutani charakterisierten Abbildungen enthält. Die beschriebenen Methoden beruhen wesentlich auf den Ideen von O.H. Merrill (1972). Die Wurzeln dieses Verfahrens liegen im Beweis von Satz II. 3. 4.

Optimallösungen konvexer Optimierungsprobleme können als Fixpunkte konvexer Korrespondenzen charakterisiert werden. Daher kann der nachfolgend beschriebene Algorithmus, wie in Abschnitt 4 gezeigt wird, als ein neues Verfahren in der mathematischen Optimierung betrachtet werden.

Es bezeichne 2^{R^n} die Menge aller Teilmengen von R^n und Γ_n die Menge aller kompakten konvexen nichtleeren Teilmengen des R^n $(\Gamma_n \subset 2^{R^n})$.

Definition

- Eine Abbildung $f: R^n \to 2^{R^n}$ ist eine Korrespondenz.
- Eine Korrespondenz f ist konvex, falls $f(x) \in \Gamma_n$ für alle $x \in R^n$.

Zur Beschreibung der Stetigkeit einer Korrespondenz benützt man oft den elementaren Begriff der Umgebung im topologischen Sinne.

Definition

- Die Korrespondenz f ist bei $x^0 \in R^n$ obenhalbstetig, falls $f(x^0)$ eine kompakte Menge ist und falls es zu jeder offenen Menge D, welche $f(x_0)$ enthält, eine offene Umgebung U von x_0 gibt mit

$$f(x) \subset D \quad \text{für alle } x \in U .$$

- f heisst obenhalbstetig, falls f in jedem Punkt $x \in R^n$ obenhalbstetig ist.

Definition

Ein Fixpunkt einer Korrespondenz f ist ein Punkt $x^* \in R^n$ mit $x^* \in f(x^*)$.

Fig. 18 zeigt den Graphen einer obenhalbstetigen Funktion f: $R^1 \to 2^{R^1}$. Die Abbildung in Fig. 19 ist bei x^0 nicht obenhalbstetig; in Figur 18 sind ebenfalls die Fixpunkte der Korrespondenz dargestellt.

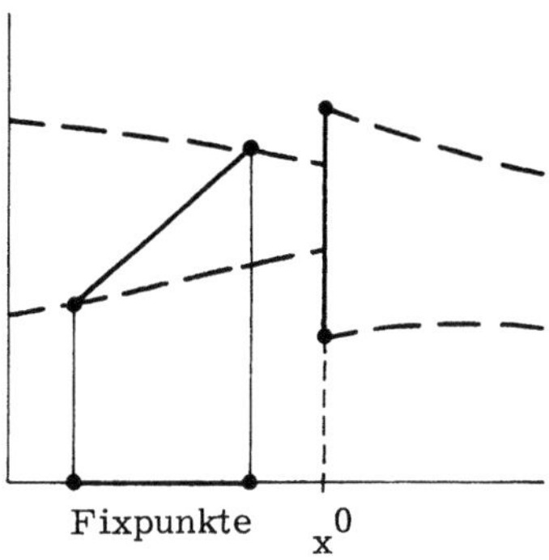

Fig. 18

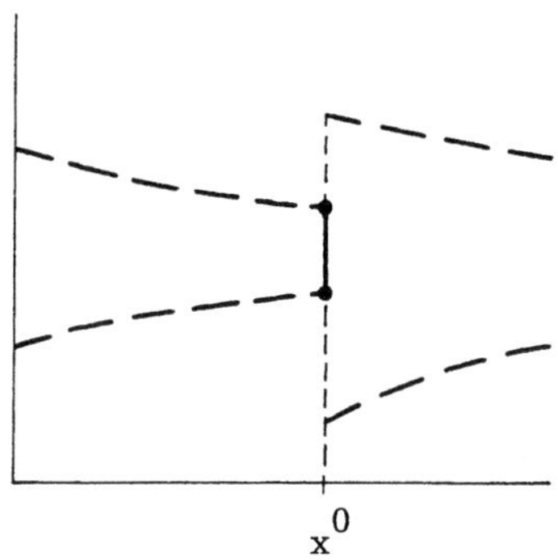

Fig. 19

Natürlich besitzt nicht jede Korrespondenz f einen Fixpunkt. Falls f konvex ist, gilt jedoch folgender

Satz II. 4. 1 (Fixpunktsatz von Kakutani)

Es sei $C \in \Gamma_n$ und f: $C \to \Gamma_n$ eine obenhalbstetige Korrespondenz. Falls $f(x) \subset C$ für alle $x \in C$ ist, so besitzt f mindestens einen Fixpunkt.

Beweis: folgt später. Δ

Der klassische Beweis von Kakutani benützt den Brouwer'schen Fixpunktsatz zur Bestimmung der Fixpunkte einer stückweise linearisierten stetigen Abbildung f: $C \to C$, wobei die Stützstellen dieser Funktion Eckpunkte einer Triangulation von C sind. Anschliessend zeigt man, dass mit feiner werdender Triangulation die Folge der linearisierten Fixpunkte nach einem Fixpunkt von f strebt.

Dieses zweistufige Vorgehen soll im folgenden benützt werden, um ein allgemeineres konstruktives Verfahren zur Bestimmung von Fixpunkten einer Korrespondenz zu entwickeln.

Es sei T eine beliebige Triangulation von R^n. Jeder Punkt $x \in R^n$ ist im relativen Innern genau eines Simplex $s \in T$ enthalten (d.h. $x \in ri(s)$). Dieses Simplex sei mit s_x bezeichnet. Weiter bezeichne E_s die Menge der Eckpunkte eines Simplex $s \in T$ und $E := \bigcup_{s \in T} E_s$ die Menge aller Eckpunkte der Triangulation T. Unter Benützung dieser Bezeichnungen ist die folgende Definition zu verstehen.

Definition

Es sei $f: R^n \to 2^{R^n}$ eine Korrespondenz. Unter der stückweise linearen Approximation von f in Bezug auf die Triangulation T von R^n (kurz: stückweise lineare Approximation) versteht man eine Abbildung $f': R^n \to R^n$ definiert durch

$$f'(V) \in f(V) \qquad \text{für alle } V \in E$$

$$f'(x) := \sum_{V \in E_{s_x}} \lambda_V f'(V), \qquad \text{wobei } x = \sum_{V \in E_{s_x}} \lambda_V V$$

Bemerkung: f' ist im allgemeinen nicht eindeutig bestimmt, denn aus der Bildmenge f(V) kann irgend ein Punkt als "Stützwert" genommen werden. f' ist aber, nachdem die Stützwerte fest bestimmt wurden, eine wohl-definierte, stetige, stückweise lineare Funktion auf R^n. (f' ist linear auf jedem $s \in T$.)

Fixpunkte einer stückweisen linearen Approximation f' von f lassen sich eindeutig durch ein lineares Gleichungssystem charakterisieren. Denn aus $x^* = f'(x^*)$ folgt $\sum_{V \in E_{s_{x^*}}} \lambda_V f'(V) = \sum_{V \in E_{s_{x^*}}} \lambda_V V$, was die folgende Aussage beweist:

Das n-Simplex $s = conv(V^1, \dots, V^{n+1}) \in T$ enthält einen Fixpunkt von f' genau dann, wenn das System

$$\text{(9)} \qquad \begin{pmatrix} 1 & \cdots\cdots & 1 \\ f'(V^1) - V^1 & & f'(V^{n+1}) - V^{n+1} \end{pmatrix} \begin{pmatrix} \lambda_1 \\ \vdots \\ \lambda_{n+1} \end{pmatrix} = \begin{pmatrix} 1 \\ 0 \end{pmatrix}$$

$$\lambda \geq 0$$

eine zulässige Lösung besitzt.

Erinnert man sich an den Beweis des Satzes II. 3. 4, so wird man versuchen, ebenfalls konstruktiv eine Lösung von (9) zu erhalten. Dazu sind noch einige technische

Schwierigkeiten zu überwinden.

Man betrachte eine spezielle Triangulation T von $R^n \times [0,1]$. Alle Eckpunkte von T sollen entweder in $R^n \times \{0\}$ oder $R^n \times \{1\}$ liegen. T induziert auf $R^n \times \{0\}$ die Triangulation T_0 mit der zugehörigen Menge der Eckpunkte E_0, resp. auf $R^n \times \{1\}$ T_1 mit E_1. Mit $\overline{T}_0$ resp. $\overline{T}_1$ seien die durch T_0 resp. T_1 auf R^n induzierten Triangulationen bezeichnet.

Gegeben sei ferner eine stückweise lineare Approximation f' einer Korrespondenz f in Bezug auf die Triangulation $\overline{T}_1$, sowie ein n-dimensionales Startsimplex $s_0 \in T_0$.

Jedem Eckpunkt $V = (v,t) \in E_0 \cup E_1$ wird nun ein Kolonnenvektor A_V aus R^{n+1}, die Vektormarkierung von V, folgendermassen zugeordnet

(10) $$A_V := \begin{cases} \begin{matrix} 1 \\ f'(v) - v \end{matrix} & \text{falls } t=1, \text{ d. h. } V \in E_1 \\ \begin{matrix} 1 \\ w - v \end{matrix} & \text{falls } t=0, \text{ d. h. } V \in E_0 \end{cases}$$

Dabei bezeichnet $W = (w, 0)$ einen beliebigen, aber fest gewählten Punkt aus $ri(s_0)$.

Das Aufsuchen eines Fixpunkts von f' entspricht wegen (9) dem Bestimmen einer zulässigen Basis des Systems

(11) $$A\lambda = \begin{pmatrix} 1 \\ 0 \end{pmatrix}, \qquad A := (A_V)_{V \in E_0 \cup E_1},$$

wobei die Basisvektoren von A zusätzlich den Eckpunkten eines n-Simplex aus T_1 entsprechen müssen. Die Analogie zu Scarfs Methode ist damit evident: Ausgehend vom Startsimplex s_0, dessen (n+1)-Eckpunkte wegen der Wahl von W einer zulässigen Basislösung von (11) trivialerweise entsprechen bestimmt man das einzige zu s_0 benachbarte (n+1)-Simplex s_1, dessen Existenz und Eindeutigkeit aus Lemma I. 16. 2 folgt. Man erhält s_1 aus s, indem ein neuer Eckpunkt V^{n+2} hinzugefügt wird, d. h. $E_{s_1} := E_{s_0} \cup \{V^{n+2}\}$.

Bringt man nun den Kolonnenvektor $A_{V^{n+2}}$ in (11) durch einen zulässigen Austauschschritt in die Basis, so bezeichne beispielsweise A_{V^1} die basisverlassende Kolonne ($V_1 \in E_{s_0}$). Die neue (aktuelle) Basis von (11) entspricht den Eckpunkten des n-Simplex s_2, definiert durch die Eckpunkte

$$E_{s_2} := E_{s_1} \setminus \{V^1\}.$$

Nach Lemma I. 16. 2 ist s_2 Facette von einem oder zwei (n+1)-Simplexen aus T. Das eine ist s_1, und falls es noch ein weiteres gibt, nämlich s_3, so muss E_{s_3} die Form

$$E_{s_3} = E_{s_2} \cup \{Y\} \text{ mit } Y \in E_0 \cup E_1, \; Y \neq V^1$$

besitzen. In diesem Falle bringt man A_Y in die aktuelle Basis von (11). Setzt man dieses Verfahren fort, so erzeugt man eine Kette benachbarter (n+1)-Simplexe, deren gemeinsame Facette einer zulässigen Basislösung des Systems (11) entspricht. Ist das eben betrachtete n-Simplex s, $s \neq s_0$, Facette genau eines (n+1)-Simplex, so bricht das Verfahren ab. s liegt dann in einer der beiden Grenzflächen $R^n \times \{0\}$ resp. $R^n \times \{1\}$, d.h. $s \in T_0$ oder $s \in T_1$.

Da die Menge der zulässigen Lösungen von (11) beschränkt ist, kann immer ein neuer Kolonnenvektor von der Form (10) in die Basis gebracht werden (siehe auch Beweis von Satz II. 3. 4). Ist das System (10) nichtdegeneriert, so ist die basisverlassende Kolonne eindeutig bestimmt. Ansonsten wähle man ein lexikographisches Austauschverfahren.

Der Algorithmus von Merrill

Schritt 1: Sei $s_0 = \text{conv}\{V^1, \dots, V^{n+1}\}$ das Startsimplex. Berechne die lexikographisch basisch zulässige Lösung zu

$$(*) \qquad \sum_{i=1}^{n+1} \lambda_i A_{V^i} = \begin{pmatrix}1\\0\end{pmatrix}, \quad \lambda_i \geq 0 .$$

Gehe zu 2.

Schritt 2: s_0 ist Facette genau eines (n+1)-Simplex aus T, beschrieben durch die (n+2) Eckpunkte $V^1, \dots, V^{n+1}, V^{n+2}$. Setze $U^0 := V^{n+2}$ und $m := 0$. Gehe zu 3.

Schritt 3: Bringe den Kolonnenvektor A_{U^m} in die aktuelle Basis von (*) mit einem lexikographischen Austauschverfahren. Bezeichne mit Y^m den Eckpunkt von s_m, welcher der eindeutig bestimmten basisverlassenden Kolonne A_{Y^m} entspricht.

Gehe zu 4.

Schritt 4: Bezeichne mit s_{m+1} das aus der Menge der Eckpunkte

$$E_{s_{m+1}} := (E_{s_m} \setminus \{Y^m\}) \cup \{U^m\}$$

gebildete n-Simplex.
Nach Lemma I. 16. 2 gibt es folgende sich ausschliessende Fälle:

(i) s_{m+1} ist Facette von zwei (n+1)-Simplexen aus T, oder

(ii) $s_{m+1} \in T_1$, oder

(iii) $s_{m+1} \in T_0$.

Falls (i) auftritt, gehe zu 5.
Falls (ii) auftritt, breche den Algorithmus ab.
s_{m+1} enthält einen Fixpunkt der stückweise linearen Approximation.
Fall (iii) kann nicht auftreten, wie in Lemma II. 4. 3 gezeigt wird.

Schritt 5: s_{m+1} ist Facette eines eindeutig bestimmten (n+1)-Simplex s,. beschrieben durch $E_s = E_{s_{m+1}} \cup \{U^{m+1}\}$ mit $U^{m+1} \in E_0 \cup E_1$, $U^{m+1} \neq Y^m$.
Setze m := m + 1.
Gehe zu 3.

In Fig. 20 ist ein möglicher Verlauf des Algorithmus dargestellt.

Aus dem Graphenlemma I. 2. 1 und Satz I. 16. 2 folgt unmittelbar das nächste Lemma.

Lemma II. 4. 2

Kein n-Simplex aus T, welches durch das oben beschriebene Verfahren erzeugt wird, kann wiederholt erzeugt werden.

Aus der Definition des Startsimplex s_0 und der in (10) definierten Vektormarkierung folgt nun

Lemma II. 4. 3

Es sei $\{s_k\}_{k=0}$ die Folge der durch den Algorithmus erzeugten n-Simplexe aus T.
Dann gilt $s_k \notin T_0$ für $k \geq 1$.

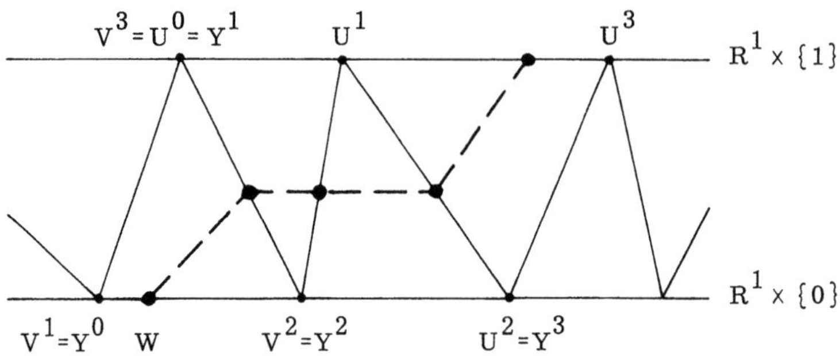

Eckpunkte des aktuellen Simplex	In die Basis eintretender Kolonnenvektor	Die Basis verlassender Kolonnenvektor
$E_{s_0} = \{V^1, V^2\}$	A_{U^0}	A_{Y^0}
$E_{s_1} = \{V^2, U^0\}$	A_{U^1}	A_{Y^1}
$E_{s_2} = \{V^2, U^1\}$	A_{U^2}	A_{Y^2}
$E_{s_3} = \{U^1, U^2\}$	A_{U^3}	A_{Y^3}

$E_{s_4} = \{U^1, U^3\}$, Abbruch, da $s_4 \in T_1$.

Fig. 20

Beweis

Es sei $s_k \in T_0$ für ein $k \geq 1$ angenommen. Dann besitzt das System

$$\begin{pmatrix} 1 & & 1 \\ w - v^1 & \dots\dots & w - v^{n+1} \end{pmatrix} \begin{pmatrix} \lambda_1 \\ \vdots \\ \lambda_{n+1} \end{pmatrix} = \begin{pmatrix} 1 \\ 0 \end{pmatrix}$$

eine nichtnegative Lösung $\lambda \geq 0$; dabei bezeichnen $V^i = (v^i, 0)$, $i = 1, \dots, n+1$, die (n+1) Eckpunkte von s_k. Daraus schliesst man $W = (w, 0) \in s_k$, was aber der Voraussetzung $W \in \mathrm{ri}(s_0)$ und $s_k \neq s_0$ (Lemma II. 4. 2) widerspricht. Δ

Das eben beschriebene Verfahren erzeugt eine endliche oder unendliche Kette von n-Simplexen aus T, denen eine Folge zulässiger Basen zu (10) entspricht. Falls die Kette endlich ist, so enthält das letzte erzeugte n-Simplex einen Fixpunkt der stückweisen linearen Approximation f' von f, denn offensichtlich ist eine zulässige Lösung von (9) bestimmt worden.

Antworten zu den beiden nachstehenden Fragen müssen daher gesucht werden.

(i) Unter welchen Umständen ist die erzeugte Kette von n-Simplexen endlich?

(ii) Falls die Feinheit der Triangulation beliebig klein gemacht wird, konvergiert dann eine Teilfolge der Fixpunkte von f' nach einem Fixpunkt von f?

Eine hinreichende Bedingung zur positiven Beantwortung der ersten Frage wäre: Man verlangt, dass das System (11) ausserhalb eines beschränkten Gebiets keine zulässige Lösung besitzt. Damit ist für die zweite Frage die Existenz eines Häufungspunktes gesichert, denn jede unendliche Folge in einem kompakten Gebiet besitzt eine konvergente Teilfolge. Die Frage ist demnach, unter welchen Bedingungen dieser Häufungspunkt ein Fixpunkt von f ist.

Satz II. 4. 4

Es sei $\{T_k\}_{k=1}^{\infty}$ eine Folge von Triangulationen von R^n mit $\mu(T_k) \xrightarrow[k\to\infty]{} 0$ ($\mu(T_k)$ bezeichnet den Durchmesser der Triangulation T_k).

Falls die Folge der Fixpunkte x^k der stückweise linearen Approximation f' einer konvexen, obenhalbstetigen Korrespondenz f in Bezug auf T_k einen Häufungspunkt x^* besitzt, so ist x^* ein Fixpunkt von f.

Der Beweis dieses Satzes erfordert die Definition einer ϵ-Umgebung eines Punktes resp. einer Menge.

Definition

Die Menge $U(x, \epsilon) := \{y \in R^n \mid \|y - x\| < \epsilon\}$, $\epsilon > 0$, heisst eine ϵ-Umgebung von $x \in R^n$.

Die Menge $U(C, \epsilon) := \bigcup_{x \in C} U(x, \epsilon)$, $\epsilon > 0$, heisst eine ϵ-Umgebung der Teilmenge C aus R^n.

Beweis des Satzes II. 4. 4

Da f obenhalbstetig ist, existiert zu jeder ϵ-Umgebung von $f(x^*)$ eine δ-Umgebung von x^* mit

(12) $$f(x) \subset U(f(x^*), \epsilon) \text{ für alle } x \in U(x^*, \delta).$$

Nun ist x^* ein Häufungspunkt der Folge $\{x^k\}_{k=1}^{\infty}$. Daher gibt es zu (jedem) $\delta > 0$ ein k derart, dass

(13) $$\|x^* - x^k\| < \delta/2 \text{ und } \mu(T_k) < \delta/2 .$$

Nach der Definition von x^k gilt:

(14) $$x^k = f'(x^k) = \sum_{V \in E_{s_{x^k}}} \lambda_V f(V), \quad s_{x^k} \in T_k, \quad \lambda_V \geq 0, \; \Sigma \lambda_V = 1.$$

Aus (13) folgt daher für alle $V \in E_{s_{x^k}}$

$$\|x^* - V\| = \|x^* - x^k\| + \|x^k - V\| < \delta$$

und daher ist $V \in U(x^*, \delta)$. Dies impliziert wegen (12)

$$f(V) \subset U(f(x^*), \epsilon) \text{ für alle } V \in E_{s_{x^k}} .$$

Da $f(x^*)$ eine konvexe Menge ist, gilt ebenfalls, dass $U(f(x^*), \epsilon)$ konvex ist. Daher folgt, wegen (14),

$$f'(x^k) \in U(f(x^*), \epsilon) \text{ und, da } x^k = f'(x^k),$$

(15) $$x^k \in U(f(x^*), \epsilon).$$

Für $k \to \infty$ gilt $x^k \to x^*$, und (15) wird

$$x^* \in \overline{U(f(x^*), \epsilon)}, \text{ für alle } \epsilon > 0,$$

d. h. zu jedem $\epsilon' > 0$ gibt es ein $z \in U(f(x^*), \epsilon)$ mit

$$\|x^* - z\| < \epsilon'.$$

Da $z \in U(f(x^*), \epsilon)$, gibt es ein $y \in f(x^*)$ mit $\|z - y\| < \epsilon$. Daraus sieht man, dass

(16) $$\|x^* - y\| \leq \|x^* - z\| + \|z - y\| < \epsilon + \epsilon'.$$

Nun gilt (16) für alle ϵ, ϵ' beliebig und daher folgt

$$x^* \in \overline{f(x^*)} = f(x^*), \text{ da } f(x^*) \text{ kompakt ist.} \quad \blacktriangle$$

Es bleibt noch zu zeigen, unter welchen Bedingungen die Folge der Fixpunkte von f' einen Häufungspunkt besitzt. Wie bereits erwähnt, sollen Bedingungen formuliert werden derart, dass von einer bestimmten Feinheit der Triangulation an alle Fixpunkte von f' in einem kompakten Bereich liegen.

Satz II. 4. 5 (Merrill (1972))

Der Algorithmus von Merrill berechnet einen Fixpunkt der stückweise linearen Approximation f' einer gegebenen Korrespondenz f in endlich vielen Schritten unter den folgenden Voraussetzungen:

(i) Es existieren positive Zahlen M und δ und ein Punkt $\overline{x} \in R^n$ derart, dass für alle $z \notin U(\overline{x}, M)$ gilt

$$(\overline{z} - z)(y - \overline{x}) < 0 \quad \text{für alle } y \in U(z, \delta) \setminus U(\overline{x}, M)$$

und $\overline{z} \in f(z)$, beliebig.

(ii) Die zugrunde liegende Triangulation T besitze eine Feinheit $\mu(T) \leq \delta$.

Jeder Fixpunkt von f' liegt dann in $U(\overline{x}, M+\delta)$.

Beweis

Es sei x^0 enthalten im Startsimplex s_0 des Algorithmus und

$$C := U(x^0, M + \|\overline{x} - x^0\| + 4\delta) \times [0, 1] .$$

Man zeigt nun indirekt, dass der Algorithmus C nie verlässt.

Man nimmt also an, das durch den Algorithmus erzeugte n-Simplex $s \in T$, $s = \text{conv}(V^1, \dots, V^{n+1})$, besitze mit dem Komplement von C einen nichtleeren Durchschnitt, d. h.

$$s \setminus C \neq \emptyset \tag{17}$$

Definiere die Vektoren $z^j \in R^n$, $j = 1, \dots, n+1$, durch

$$z^j := \begin{cases} f'(v^j) - v^j, & \text{falls } V^j := (v^j, 1) \\ w - v^j, & \text{falls } V^j := (v^j, 0) \end{cases} \tag{18}$$

d. h., z^j enthält die n letzten Komponenten des durch (10) zu V^j assoziierten Kolonnenvektors A_{V^j}.

Wegen (17) gibt es (mindestens) einen Eckpunkt V^i von s mit $V^i \notin C$.

Betrachte nun einen beliebigen Eckpunkt $V^j = (v^j, t)$ von s.

Falls $t = 1$ ist, so gilt wegen der Definition von V^i und $\mu(T) \le \delta$

$$\begin{aligned} \|\bar{x} - v^j\| &\ge \|x^0 - v^i\| - \|x^0 - \bar{x}\| - \|v^j - v^i\| \\ &> M + \|x^0 - \bar{x}\| + 4\delta - \|x^0 - \bar{x}\| - \delta \\ &= M + 3\delta \end{aligned}$$

Wähle ein $Y = (y, t) \in s \setminus C$, beliebig. Dann gilt $y \in U(v^j, \delta) \setminus U(\bar{x}, M)$. Für den nach (18) zu V^j gehörigen Vektor z^j gilt wegen der Voraussetzung (i) demnach

(19) $$z^j \cdot (y - \bar{x}) < 0, \quad \text{da } z^j + v^j = f'(v^j) \in f(v^j) \; .$$

Falls $t = 0$, d. h. $V^j = (v^j, 0) \in R^n \times \{0\}$ ist, zeigt man für dasselbe $Y = (y, t) \in s \setminus C$, dass

(20) $$z^j \cdot (y - \bar{x}) < 0 \text{ ist.}$$

Dabei benützt man die folgenden leicht zu überprüfenden Beziehungen

(21) $$\|x^0 - w\| < \delta, \quad \text{da } W = (w, 0) \in s_0$$

(22) $$y \notin U(x^0, M + \|x^0 - \bar{x}\| + 4\delta), \quad \text{da } y \notin C$$

(23) $$z^j = w - v^j, \quad \text{da } V^j \in R^n \times \{0\}$$

(24) $$U(\bar{x}, M + 4\delta) \subset U(x^0, M + \|\bar{x} - x^0\| + 4\delta) \; .$$

Nun folgt aus (21) und (23)

$$\begin{aligned} z^j (y - \bar{x}) &= (w - v^j) \cdot (y - \bar{x}) \\ &= (x^0 - y + w - x^0 + y - v^j) \cdot (y - \bar{x}) \end{aligned}$$

(25) $$< (x^0 - y) \cdot (y - \bar{x}) + 2\delta \|y - \bar{x}\| \; .$$

Aus (22) und (24) folgt aber

$$(x^0 - y) \cdot (y - \bar{x}) < -(M + 4\delta)(\|y - x^0\|) \; .$$

Bemerkt man weiter, dass $2\|y - x^0\| > \|y - \bar{x}\|$, da $\|y - x^0\| > \|x^0 - \bar{x}\|$, so folgt durch Einsetzen in (25)

$$z^j \cdot (y - \bar{x}) < -(M + 4\delta)\|y - x^0\| + 2\delta\|y - \bar{x}\|$$
$$< -(M + 2\delta)\|y - \bar{x}\| + 2\delta\|y - \bar{x}\|$$
$$< 0 .$$

Damit hat man gezeigt, dass das System

$$z_j \cdot x < 0 \quad \text{für } j = 1, \dots, n+1$$

immer eine Lösung, nämlich $x = y - \bar{x}$, besitzt. Aus dem Farkas-Lemma schliesst man daher, dass das System

$$\sum_{j=1}^{n+1} z_j \cdot \lambda_j \geq 0$$

keine Lösung besitzt. Erinnert man sich an die Definition (18) von z^j, so sieht man, dass das System (11) ausserhalb C keine Lösung besitzt.

Analog wie oben zeigt man, dass jeder Fixpunkt von f' in $U(\bar{x}, M+\delta)$ liegen muss.

Δ

Die Sätze II. 4. 4 und II. 4. 5 zusammengefasst ergeben den folgenden Existenzsatz für Korrespondenzen: Es sei f eine obenhalbstetige, konvexe Korrespondenz, $f\colon R^n \to \Gamma_n$, welche die Bedingung (i) von Satz II. 4. 5 erfüllt. Dann besitzt f einen Fixpunkt.

Zum Beweis des Fixpunktsatzes von Kakutani genügt es, die gegebene Abbildung $f\colon C \to \Gamma_n$ derart auf R^n zu erweitern, dass die erweiterte Abbildung F eine obenhalbstetige, konvexe Korrespondenz ist, deren Fixpunkte mit jenen von f übereinstimmen.

Beweis von Satz II. 4. 1

Ohne Einschränkung sei angenommen, dass $\mathrm{int}(C) \neq \emptyset$. Wähle $c \in \mathrm{int}(C)$ beliebig. Definiere die Abbildung $F\colon R^n \to \Gamma_n$ durch

$$(25) \qquad F(x) : \begin{cases} \{c\} & , \text{ falls } x \notin C \\ \mathrm{conv}\,(f(x) \cup \{c\}), & \text{ falls } x \in \mathrm{bd}\,(C) \\ f(x) & , \text{ falls } x \in \mathrm{int}\,(C). \end{cases}$$

(dabei bezeichnet $\mathrm{bd}(C) := C \setminus \mathrm{int}\,(C)$).

Offensichtlich ist F obenhalbstetig und konvex, da f obenhalbstetig und konvex ist. Die Fixpunkte von F stimmen mit jenen von f überein.

Es bleibt zu zeigen, dass F die Bedingung (i) von Satz II. 4. 5 erfüllt.

Wähle $\bar{x} \in C$ und $\delta > 0$ beliebig. Da C kompakt ist, gibt es ein $M > 0$ mit

$$C \subset U(\bar{x}, M - \delta)$$

Für $z \notin U(\bar{x}, M)$, $y \in U(z, \delta) \setminus U(\bar{x}, M)$ und $\bar{z} \in F(z)$ gilt dann

$$\begin{aligned}(\bar{z} - z) \cdot (y - \bar{x}) &= (\bar{z} - \bar{x}) \cdot (y - \bar{x}) + (\bar{x} - y) \cdot (y - \bar{x}) \\ &\quad + (y - z)(y - \bar{x}) \\ &\leq \|y - \bar{x}\| \, [(M - \delta) - \|y - \bar{x}\| + \delta] \, .\end{aligned}$$

Nun ist aber $\|y - \bar{x}\| > M$, und daher ist

$$\|\bar{y} - \bar{x}\| \, [M - \|y - \bar{x}\|] < 0. \qquad \Delta$$

Es lässt sich zusätzlich beweisen, dass der Algorithmus die Menge $\operatorname{conv}(C \cup \{w\}) \times [0, 1]$ nie verlässt.

Natürlich kann der Algorithmus von Merrill insbesondere zur Bestimmung von Fixpunkten einer Abbildung $f: R^n \to R^n$ (als Spezialfall einer Korrespondenz) verwendet werden. Die Güte der Approximation lässt sich dann einfach abschätzen.

Satz II. 4. 6

Es sei $f: R^n \to R^n$ eine stetige Abbildung und $\delta > 0$ gegeben. $\epsilon > 0$ sei durch den Stetigkeitsmodul von f als eine Funktion von δ bestimmt. T sei eine Triangulation von $R^n \times [0, 1]$ mit $\mu(T_1) < \epsilon$. Das n-Simplex $s \in T_1$ enthalte einen Fixpunkt x^* der stückweise linearen Approximation f' von f. Dann gilt

$$|f(x^*) - x^*| < \delta \, .$$

Beweis

Es sei $s = \operatorname{conv}(V^1, \dots, V^{n+1})$ mit $V^i := (v^i, 1) \in R^n \times [0, 1]$. Daher ist $x^* \in \operatorname{conv}(v^1, \dots, v^{n+1})$. Aus der Definition von δ und ϵ folgt dann

$$-\delta \leq f_j(x^*) - f_j(v^k) \leq \delta \quad \text{für } k = 1, \dots, n+1; \; j = 1, \dots, n.$$

Für beliebige $\lambda_k \geq 0$, $k = 1, \ldots, n+1$ mit $\sum_{k=1}^{n+1} \lambda_k = 1$ gilt demnach

$$(26) \qquad -\delta \leq f_j(x^*) - \sum_{k=1}^{n+1} \lambda_k f_j(v^k) \leq \delta \qquad \text{für } j = 1, \ldots, n.$$

Da $x^* \in \operatorname{conv}(v^1, \ldots, v^{n+1})$, gibt es $\lambda_k^* \geq 0$ mit $\sum_{k=1}^{n+1} \lambda_k^* = 1$ derart, dass

$$x^* = \sum_{k=1}^{n+1} \lambda_k^* v^k$$

$$= \sum_{k=1}^{n+1} \lambda_k^* f(v^k), \quad \text{da } x^* \text{ ein Fixpunkt von } f' \text{ ist.}$$

Setzt man diese Beziehung in (26) ein, so ergibt dies

$$-\delta \leq f_j(x^*) - x_j^* \leq \delta \qquad \text{für } j = 1, \ldots, n. \qquad \Delta$$

Hätte man anstelle der Vektormarkierung eine ganzzahlige Markierung gewählt, so kann gezeigt werden (analog zu Satz II. 2. 3), dass

$$|f(x^*) - x^*| < \delta + \epsilon \text{ ist}$$

für alle x^*, welche im vollständig markierten Simplex enthalten sind.

R. Saigal (1974) hat die Effizienz verschiedener Fixpunktalgorithmen systematisch untersucht. Er stellte experimentell hinsichtlich der numerischen Konvergenz fest, dass nicht allein die Markierungsvorschrift, sondern auch die zugrunde liegenden Triangulationen die Anzahl Iteration beeinflusst. Weiter untersuchte er theoretisch die Güte der Konvergenzrate nach einem exakten Fixpunkt. Diese Forschungsarbeit steht aber noch in den Anfängen. Sie dürfte in nächster Zeit stärkere Resultate ergeben.

Numerisches Beispiel

Betrachte die stetige Abbildung $f\colon C \to C$, $C := \{x \in R^1 \mid 0 \leq x \leq 3\}$, definiert durch $f(x) = 2.5$ für alle $x \in C$.

Man erweitert die Abbildung f auf R^1 unter Verwendung der in (25) definierten Korrespondenz mit $c = 1$ $(c \in \operatorname{int}(C))$.

$$F(x) = \begin{cases} 1 & , \text{ falls } x \notin C \\ \text{conv } \{2.5, 1\}, & \text{falls } x \in \text{bd}(C), \text{ d.h. } x = 0, 3 \\ 2.5 & , \text{ sonst} \end{cases}$$

Gegeben sei weiter eine Triangulation von $R^1 \times [0, 1]$, welche in Fig. 21 darge stellt ist. Als Startpunkt wähle man das 1-Simplex conv(V^0, V^1) mit $W = (1/2, 0)$. Die Eckpunkte der Triangulation sind fest numeriert. Die U^m und Y^m, $m = 0, \ldots$ entsprechen den im Algorithmus beschriebenen Grössen.

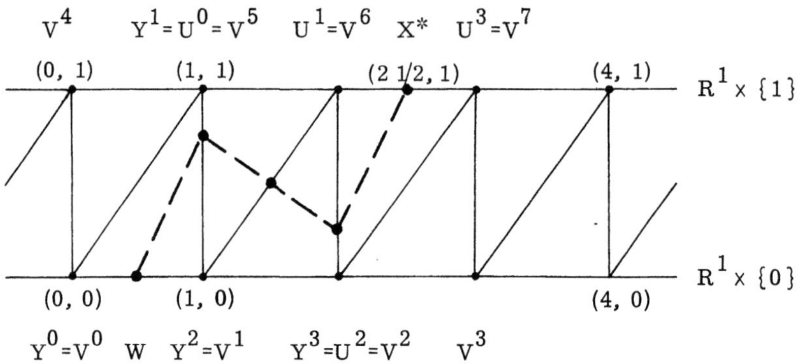

Fig. 21

Schritt 1: $s_0 = \text{conv}(V^0, V^1)$

Löse das assoziierte System (lexikographisch)

$$\begin{pmatrix} 1 & 1 \\ 1/2 & -1/2 \end{pmatrix} \begin{pmatrix} \lambda_0 \\ \lambda_1 \end{pmatrix} = \begin{pmatrix} 1 & 0 \\ 0 & 1 \end{pmatrix}$$

durch Inversion der Basismatrix.

(Bei Verwendung der lexikographischen Technik entspricht die rechte Seite immer der Basisinversen. Neben dieser muss später die basis-verlassende Kolonne gespeichert werden, welche zur Bestimmung der neu in die Basis zu bringenden Kolonne benützt wird.)

Die lexikographische Lösung ist

$$\begin{matrix} \lambda_0 = \\ \lambda_1 = \end{matrix} \left[\begin{array}{c|c} 1/2 & 1 \\ 1/2 & -1 \end{array}\right]$$

Schritt 2: $U^0 = V^5$ (da s_0 Facette von conv(V^0, V^1, V^5))

$m = 0$.

Schritt 3: Bringe $A_{U^m} = \begin{pmatrix} 1 \\ 3/2 \end{pmatrix}$ in die Basis. Dies erfordert zuerst die Darstellung dieses Vektors in der aktuellen Basis:

$$\bar{A}_{U^m} = B^{-1}(A_{U^m}) = \begin{pmatrix} 1/2 & 1 \\ 1/2 & -1 \end{pmatrix} \begin{pmatrix} 1 \\ 3/2 \end{pmatrix} = \begin{pmatrix} 2 \\ -1 \end{pmatrix}$$

Nach einem zulässigen Austausch erhält man

$$\begin{matrix} \lambda_5 = \\ \lambda_1 = \end{matrix} \left[\begin{array}{c|c} 1/4 & 1/2 \\ 3/4 & -1/2 \end{array}\right]$$

mit der basisverlassenden Kolonne $A_{Y^m} = A_{V^0}$, d. h. $Y^m = V^0$.

Schritt 4: $E_{s_{1+1}} := (\{V^0, V^1\} \quad \{V^0\}) \cup \{V^5\} = \{V^1, V^5\}$

s_{1+1} ist Facette von zwei 2-Simplexen, gehe daher zu 5.

Schritt 5: $U^1 = V^6$

$m = 1$, gehe zu 3.

Schritt 3: $A_{U^m} = \begin{pmatrix} 1 \\ 1/2 \end{pmatrix}$, $\bar{A}_{U^m} = \begin{pmatrix} 1/4 & 1/2 \\ 3/4 & -1/2 \end{pmatrix} \begin{pmatrix} 1 \\ 1/2 \end{pmatrix} = \begin{pmatrix} 1/2 \\ 1/2 \end{pmatrix}$

Nach einem zulässigen Austausch erhält man das neue Tableau

$$\begin{matrix} \lambda_6 = \\ \lambda_1 = \end{matrix} \left[\begin{array}{c|c} 1/2 & 1 \\ 1/2 & -1 \end{array}\right]$$

mit $Y^m = V^5$.

Schritt 4: $E_{s_2} = (\{V^1, V^5\} \setminus \{V^5\}) \cup \{V^6\} = \{V^1, V^6\}$

s_2 ist Facette von zwei 2-Simplexen, gehe daher zu 5.

Schritt 5: $U^2 = V^2$

$m = 2$, gehe zu 3.

Schritt 3: $A_{U^m} = \begin{pmatrix} 1 \\ -3/2 \end{pmatrix}$, $\bar{A}_{U^m} = \begin{pmatrix} 1/2 & 1 \\ 1/2 & -1 \end{pmatrix} \begin{pmatrix} 1 \\ -3/2 \end{pmatrix} = \begin{pmatrix} -1 \\ 2 \end{pmatrix}$

Das neue Tableau ist

$$\begin{array}{l} \lambda_6 = \\ \lambda_2 = \end{array} \left[\begin{array}{c|c} 3/4 & 1/2 \\ 1/4 & -1/2 \end{array}\right]$$

mit $Y^m = V^1$.

Schritt 4: $E_{s_3} = (\{V^1, V^6\} \setminus \{V^1\}) \cup \{V^2\} = \{V^6, V^2\}$

s_3 ist Facette von zwei 2-Simplexen, wiederum gehe zu 5.

Schritt 5: $U^3 = V^7$

$m = 3$, gehe zu 3.

Schritt 3: $A_{U^m} = \begin{pmatrix} 1 \\ -1/2 \end{pmatrix}$, $\bar{A}_{U^m} = \begin{pmatrix} 3/4 & 1/2 \\ 1/4 & -1/2 \end{pmatrix} \begin{pmatrix} 1 \\ -1/2 \end{pmatrix} = \begin{pmatrix} 1/2 \\ 1/2 \end{pmatrix}$

mit dem neuen Tableau

$$\begin{array}{l} \lambda_6 = \\ \lambda_7 = \end{array} \left[\begin{array}{c|c} 1/2 & 1 \\ 1/2 & -1 \end{array}\right]$$

mit $Y^m = V^2$.

Schritt 4: $E_{s_4} = (\{V^6, V^2\} \setminus \{V^2\}) \cup \{V^7\} = \{V^6, V^7\}$

s_4 ist Facette in T_1, daher bricht der Algorithmus ab. Ein Fixpunkt der stückweise linearisierten Approximation ist bestimmt worden, nämlich

$$x^* = \lambda_6 \cdot v^6 + \lambda_7 v^7 = 1/2(2) + 1/2(3) = 2.5,$$

was natürlich dem exakten Fixpunkt entspricht.

II. 5 Anwendung der Fixpunktalgorithmen

Die Unterteilung dieses Kapitels in 3 Abschnitte, nämlich in Anwendungen aus der Oekonomie, der mathematischen Optimierung und der Spieltheorie, ist willkürlich und allein zur besseren Gliederung vorgenommen worden. Es sollte sich lohnen, alle Anwendungen zu studieren, wird doch vor allem die Methode gezeigt, wie sich verschiedene Probleme einheitlich als Fixpunktaufgaben formulieren lassen.

II. 5.1 Anwendungen in der Oekonomie

Die Anwendung der Fixpunktalgorithmen in der Oekonomie ist ausführlich in dem Buche von H. Scarf "The Computation of Economic Equilibria" dargestellt. Deshalb sei hier einzig ein Gleichgewichtsmodell beschrieben, welches klar die Anwendung des Fixpunktsatzes von Brouwer erkennen lässt.

Von Neumann verwendete 1928 den Satz von Brouwer zum erstmaligen Beweis des klassischen Minimax-Theorems. Später wurde diese Fixpunkteigenschaft zur Untersuchung ökonomischer Gleichgewichtsmodelle verwendet. 1950 wurde der Brouwer'sche Satz zum Beweis der Existenz von Gleichgewichtspreisen in einer Martkwirtschaft fundamental benützt. Damit konnte die Konsistenz des nachfolgend beschriebenen Walras-Modells bewiesen werden.

Man betrachte eine Tauschökonomie mit n Gütern. Zu jedem Preisvektor $x = (x_1, \dots, x_n)$ der Güter bestimmt der typische Konsument seine (individuelle) Nachfrage nach einem Gut, indem er seine (individuelle) Nutzenfunktion unter Berücksichtigung seines Budgets maximiert. Sein Nachfrageüberhang ist positiv für jene Güter, welche er durch eine Tauschaktion erwerben möchte und nichtpositiv für die übrigen. Die Summe der individuellen Nachfrageüberhänge ergibt die Nachfrageüberhangsfunktion g des Marktes bei einem bestimmten Preissystem x, d.h.

$$g(x) = (g_1(x), \dots, g_n(x)) .$$

Berücksichtigen alle Teilnehmer ihr Budget, so finden keine internen Einkommensverschiebungen unter den Teilnehmern statt. Dies bedeutet, dass der Gesamtwert des Nachfrageüberhangs für jeden Teilnehmer bei jedem Preissystem gleich Null ist. Für die Nachfrageüberhangsfunktion des Marktes ergibt sich daraus die von Walras postulierte Identität

$$x_1 \cdot g_1(x) + x_2 \cdot g_2(x) + \dots + x_n \cdot g_n(x) \equiv 0 \tag{27}$$

für alle Preisvektoren x.

Das sogenannte Walrasgesetz (27) sagt aus, dass der Gesamtwert aller ausgetauschten Waren gleich Null ist.

Im folgenden bezeichne g eine gegebene Nachfrageüberhangsfunktion des Marktes, welche das Walrasgesetz erfüllen soll.

Definition

Der Preisvektor x^* ist ein Gleichgewichtspreis, falls für die Nachfrageüberhangsfunktion gilt $g(x^*) \leq 0$.

Die Frage nach der Existenz von Gleichgewichtspreisen für gegebene Nachfrageüberhangsfunktionen ist für die mathematische Oekonomie wichtig. Im folgenden wird gezeigt, dass die Existenz für eine auf einem normierten Preissystem $P = \{x \in R^n_+ \mid \sum_{i=1}^{n} x_i = 1\}$ stetige Funktion g immer garantiert werden kann.

Satz II. 5. 1

Für jede auf P stetige Nachfrageüberhangsfunktion g existiert ein Gleichgewichtspreis.

Beweis

Nach Voraussetzung ist $g: P \to R^n$, stetig und erfüllt (27), d. h.

$$x \cdot g(x) = 0 \qquad \text{für alle } x \in P.$$

Die Abbildung $f : P \to P$, definiert durch

$$f_i(x) := \frac{x_i + \max[0, g_i(x)]}{1 + \sum_{\ell=1}^{n} \max[0, g_\ell(x)]} \qquad \text{für } i = 1, \ldots, n, \tag{28}$$

ist auf P stetig, da die $g_i(x)$, $i = 1, \ldots, n$, stetige Abbildungen sind.

Nach Satz II. 2. 1 besitzt f einen Fixpunkt $x^* \in P$. x^* ist ein Gleichgewichtspreis, denn

$$x^* = f(x^*) \text{ impliziert } cx_i^* = x_i^* + \max[0, g_i(x^*)],$$

für $i = 1, \ldots, n$, dabei ist

$$c := 1 + \sum_{\ell=1}^{n} \max[0, g_\ell(x^*)]. \tag{29}$$

Aus $c > 1$ würde $(c - 1)\, x_i^* = \max[0, g_i(x^*)]$ folgen und daher für $x_i^* > 0$ ebenfalls $g_i(x^*) > 0$, was aber dem Walrasgesetz widerspricht.

Da $x^* \in P$, gibt es aber immer ein $i \in \{1, \ldots, n\}$ mit $x_i^* > 0$, und daher schliesst man $c = 1$. Dies impliziert aber $g_i(x^*) \leq 0$ wegen der Definition (29) von c. Δ

Ist x^* ein Gleichgewichtspreis, so impliziert (27) $x_i^* = 0$, falls $g_i(x^*) < 0$ ist, d. h. Güter mit einem negativen Nachfrageüberhang besitzen den Preis Null.

Mit Hilfe eines der beschriebenen Fixpunktalgorithmen und der Abbildung (28) lassen sich demnach Gleichgewichtspreise numerisch bestimmen.

In Scarf (1973) ist ein allgemeineres Walrasmodell beschrieben, welches zusätzlich eine Produktion miteinschliesst. Numerisch lässt sich dieses Problem wiederum mit einem Fixpunktalgorithmus lösen (Scarf benützte dazu den Satz II. 3. 4).

II.5.2 Anwendung in der mathematischen Optimierung

Die Aufgabe der Minimierung einer konvexen Funktion (mit oder ohne Restriktionen) lässt sich, wie in diesem Abschnitt gezeigt werden wird, als Fixpunktproblem formulieren. Dazu werden wichtige Eigenschaften konvexer Funktionen, wie z. B. die Existenz eines Subgradienten, benötigt. Zu Beginn werden daher einige wesentliche Begriffe und Resultate aus der konvexen Analysis zusammengestellt. Für einige der Beweise wird auf das Buch von R. T. Rockafellar "Convex Analysis" (1970) verwiesen.

Abschätzungen über die Güte der Approximation werden ebenfalls behandelt. Es zeigt sich, dass die berechneten Schranken der Zielfunktion gut als ein Abbruchkriterium des Fixpunkt-Algorithmus dienen können. Zur Herleitung dieser Schranken wird bewusst ein geometrisches, sich auf die lineare Programmierung stützendes Vorgehen gewählt. Dadurch ergibt sich eine interessante Interpretation des Algorithmus.

Definition

Eine Abbildung $f: R^n \to R^1$ heisst (eigentlich) konvex, falls

(i) $\{x \in R^n \mid f(x) = -\infty\} = \emptyset$

(ii) $\{x \in R^n \mid f(x) < \infty\} \neq \emptyset$

(iii) $f(\lambda x + (1-\lambda)y) \leq \lambda f(x) + (1-\lambda) f(y)$ für $0 \leq \lambda \leq 1$

Mit $\text{dom}(f) := \{x \in R^n \mid f(x) < \infty\}$ bezeichnet man den effektiven Definitionsbereich von f, welcher wegen (ii) für eine konvexe Funktion nichtleer ist.

Die Menge $\text{epi}(f) := \{(x, z) \in R^n \times R^1 \mid z \geq f(x)\}$ heisst Epigraph von f.

Die Menge $\mathrm{lev}_f(\alpha) := \{x \in R^n \mid f(x) \leq \alpha\}$ heisst Niveaumenge von f (falls die Funktion f aus dem Kontext eindeutig ist, wird oft auch lev (α) für die Niveaumenge gesetzt).

Eine konvexe Funktion heisst abgeschlossen, falls der Epigraph von f eine abgeschlossene Menge bildet.

Lemma II. 5. 2

Die nichtleeren Niveaumengen einer abgeschlossenen konvexen Funktion sind entweder alle beschränkt oder alle unbeschränkt.

Beweis

Die Mengen lev (α) sind abgeschlossen und konvex, da f abgeschlossen und konvex ist.

Es sei lev (β) eine unbeschränkte Menge. Es existiert daher in lev (β) ein "Strahl", d.h. es existiert $z \in R^n$, $z \neq 0$ so, dass für alle $x \in \mathrm{lev}(\beta)$ gilt

$$y = x + \Theta z \in \mathrm{lev}(\beta) \quad \text{für alle } \Theta \geq 0$$

Da $\mathrm{lev}(\alpha) \supset \mathrm{lev}(\beta)$ für $\alpha \geq \beta$ ist lev (α) ebenfalls unbeschränkt.

Für $\alpha < \beta$ mit $\mathrm{lev}(\alpha) \neq \emptyset$, wähle man $x \in \mathrm{lev}(\alpha)$ und $\Theta \geq 0$. Für alle $0 < \lambda < 1$ gilt

$$\begin{aligned} f(x + \Theta z) &\leq \lambda f(x) + (1-\lambda) f\left(x + \frac{\Theta}{(1-\lambda)} z\right) \\ &\leq \lambda\alpha + (1-\lambda)\beta, \text{ da } x + \frac{\Theta}{1-\lambda} z \in \mathrm{lev}(\beta). \end{aligned}$$

Für $\lambda \to 1$ erhält man daher $f(x + \Theta z) \leq \alpha$. Δ

Korollar zu II. 5. 2

Die abgeschlossene konvexe Funktion besitze eine nichtleere, beschränkte Niveaumenge lev (α). Dann ist lev (β) mit $\beta = \inf \{f(x) \mid x \in R^n\}$ kompakt (d. h. die Menge der Minima von f ist kompakt).

Beweis

Da $\mathrm{lev}(\alpha) \neq \emptyset$ und kompakt ist, wird das Minimum von f(x) angenommen, d. h. $\mathrm{lev}(\beta) \neq \emptyset$. Nach Satz II. 5. 2 ist daher lev (β) kompakt. Δ

Definition

Es sei f eine konvexe Funktion. $x^* \in R^n$ heisst ein Subgradient von f an der Stelle x, falls

(30) $$f(z) \geq f(x) + x^* \cdot (z - x) \quad \text{für alle } z \in R^n .$$

$\partial f(x)$ bezeichnet die Menge aller Subgradienten von f bei x.

Falls $\partial f(x) \neq \emptyset$, so heisst f subdifferenzierbar.

Satz II. 5. 3 (R. T. Rockafellar (1970))

Es sei f eine abgeschlossene konvexe Funktion. Dann gilt

(i) $\partial f(x)$ ist eine abgeschlossene konvexe Menge für alle $x \in R^n$.

(ii) $\partial f(x)$ ist genau dann nichtleer und beschränkt, falls $x \in \text{int}(\text{dom}(f))$.

(iii) Zu jedem $\epsilon > 0$ und $x \in \text{int}(\text{dom}(f))$ gibt es ein $\delta > 0$ mit $\partial f(z) \subset \text{int}(U(\partial f(x), \epsilon))$ für alle $z \in U(x, \delta)$.

Beweis: Siehe Rockafellar (1970). Δ

Betrachtet man die Korrespondenz $F\colon R^n \to \Gamma_n$, definiert durch

$$F\colon x \to \partial f(x),$$

wobei f eine abgeschlossene konvexe Funktion ist, so ist F auf int(dom(f)) obenhalbstetig (Satz II. 5. 3).

Zur Bestimmung der Minima einer konvexen Funktion f genügt es, wie später gezeigt wird, Fixpunkte der Abbildung F, definiert durch

(31) $$F(x) := x - \partial f(x) ,$$

zu betrachten.

Satz II. 5. 4

Ist f eine konvexe, abgeschlossene Funktion mit $\text{dom}(f) = R^n$ und einer beschränkten, nichtleeren Niveaumenge, so genügt die Abbildung (31) den Voraussetzungen von Satz II. 4. 5.

Beweis

Wähle $\epsilon > 0$ und $\bar{x} \in R^n$ beliebig. Wegen $\mathrm{dom}(f) = R^n$ ist f eine stetige Funktion auf R^n. Daher ist $\alpha = \sup\{f(x) \mid x \in U(\bar{x}, \epsilon)\}$ endlich.

lev (α) ist kompakt wegen Satz II. 5. 2. Daher existiert ein $M > 0$ mit

(32) $$U(\bar{x}, \epsilon) \subset \mathrm{lev}(\alpha) \subset U(\bar{x}, M).$$

M, ϵ und $\bar{x}$ genügen der Behauptung, denn wähle $z \notin U(\bar{x}, M)$, $y \in U(z, \epsilon) \setminus U(\bar{x}, M)$ und $\bar{z} \in F(z) = z - \partial f(z)$. Dann folgt $-\bar{z} + z \in \partial f(z)$, und aus der Eigenschaft (30) und (32)

$$0 > f(\bar{x} + z - y) - f(z) \geq [(\bar{x} + z - y) - z] \cdot [z - \bar{z}] = (-\bar{x} + y) \cdot (\bar{z} - z),$$

da $(\bar{x} + z - y) \in U(\bar{x}, \epsilon)$ ist. Δ

Zusätzlich folgt aus Satz II. 5. 3, dass F eine obenhalbstetige konvexe Korrespondenz ist. Daher besitzt F einen Fixpunkt x^*. Dieser Punkt ist aber Optimallösung der Aufgabe

(33) $$\inf\{f(x) \mid x \in R^n\},$$

wie das folgende Lemma zeigt.

Lemma II. 5. 5

x^* ist ein Minimum von (33) genau dann, wenn $0 \in \partial f(x^*)$.

Beweis

Es ist $0 \in \partial f(x^*)$ genau, wenn

$$f(z) \geq f(x^*) + 0 \cdot (z - x^*) \quad \text{für alle } z \in R^n,$$

was äquivalent ist mit der Aussage, dass x^* ein Minimum von (33) ist. Δ

Ist nun x^* ein Fixpunkt von F , d. h.

$$x^* \in x^* - \partial f(x^*), \quad \text{so folgt, dass } 0 \in \partial f(x^*)$$

und umgekehrt.

Zusammenfassend:

Der Fixpunktalgorithmus von Merrill lässt sich zur Lösung der Aufgabe (33) verwenden, wenn

(34)
(i) f eine konvexe, abgeschlossene Funktion,
(ii) $\text{dom}(f) = R^n$ und
(iii) die Menge der Minima von f kompakt

ist.

Es sei x^* ein Fixpunkt einer stückweise linearen Approximation F' von F, definiert in (31), wobei f den Bedingungen (34) genügen soll. Die Optimierungsaufgabe (33) besitzt daher ein endliches Minimum, welches beispielsweise bei $\hat{x}$ angenommen werde, d. h.

$$f(\hat{x}) \leq f(x) \qquad \forall x \in R^n .$$

Wie gut ist die Lösung x^* in Bezug auf die Minimallösung? Gibt es eine obere Schranke für den Ausdruck

$$0 \leq f(\hat{x}) - f(x^*) \; ?$$

Die Schranke hängt sicher von der Feinheit der Triangulation T_1 auf $R^n \times \{1\}$ ab, da ja der Algorithmus einen Fixpunkt der stückweise linearen Approximation F' von F in Bezug auf $\overline{T}_1$ bestimmt. ($\overline{T}_1$ bezeichnet die auf R^n durch T^1 induzierte Triangulation.)

Es bezeichne $U \times [0,1] \subset R^n \times [0,1]$ eine kompakte Menge, welche alle durch den Algorithmus erzeugten Simplexe enthält. (Die Existenz dieser Menge ist nach Satz II. 4. 5 gesichert.) $\overline{T}_U$ sei eine endliche Teilmenge von $\overline{T}_1$, welche U überdeckt. Die Menge $\overline{E}_U := \{v^1, \ldots, v^p\}$ bezeichne die endliche Menge aller Eckpunkte der Simplexe $s \in \overline{T}_U$.

Zu jedem Eckpunkt $v^i \in \overline{E}_U$, $i = 1, \ldots, p$, betrachtet man eine Stützebene des Epigraphen von f, definiert durch die affine Funktion $u^i\colon R^n \to R^1$

$$u^i(x) = f(v^i) + v^{i*} \cdot (x - v^i) , \tag{35}$$

dabei sei $v^{i*} \in \partial f(v^i)$ beliebig aber fest bestimmt.

Bildet man die Hülle dieser affinen Funktionen, d. h.

$$\hat{f}(x) := \max_{i \in \{1,\ldots,p\}} \{u^i(x)\} , \tag{36}$$

so sieht man unmittelbar, dass $\hat{f}$ eine stückweise affine Funktion auf R^n ist. Weiter folgt aus (36),

(37)
(i) $\hat{f}$ ist konvex

(ii) $\hat{f}(x) \leq f(x)$ für alle $x \in R^n$

(iii) $\hat{f}(v^i) = f(v^i)$ für $i = 1, \ldots, p$

Anstelle der Aufgabe (33) betrachte man das Optimierungsproblem

(38)
$$\min_{x \in R^n} \hat{f}(x) ,$$

welches äquivalent ist zum linearen Optimierungsproblem

(39)
$$\begin{array}{l} \min \; r \\ r \geq u^i(x) \quad i = 1, \ldots, p \\ (x, r) \in R^{n+1} \end{array}$$

Ausgeschrieben wird (39) zu

(40)
$$\begin{array}{l} \min \; r \\ (x, r) \cdot (-v^{i*}, 1) \geq f(v^i) - v^{i*} \cdot v^i, \quad i = 1, \ldots, p \\ (x, r) \in R^{n+1} . \end{array}$$

Die lineare Optimierungsaufgabe (40) ist wegen der grossen Anzahl von Restriktionen zum Lösen ungeeignet. Zusätzlich ist jede Optimallösung von (40) wiederum nur eine approximative Lösung von (33). Nun ergibt ein Fixpunkt der stückweise linearen Approximation F' eine gute approximative Lösung zu (38), wie mit Hilfe der Dualitätsbeziehungen gezeigt werden soll.

Das zu (40) duale Problem lautet

(41)
$$\begin{array}{l} \max \left\{ \sum_{i=1}^{p} \lambda_i [f(v^i) - v^{i*} \cdot v^i] \right\} \\ \sum_{i=1}^{p} \lambda_i (-v^{i*}, 1) = (0, 1) \\ \lambda_i \geq 0, \quad i = 1, \ldots, p . \end{array}$$

Ist (41) konsistent, so besitzt jede dual zulässige Basislösung die Form

$\lambda = (\lambda_{j_1}, \dots, \lambda_{j_{n+1}}) \geq 0$

(42) $$\sum_{i=1}^{n+1} \lambda_{j_i} v^{j_{i*}} = 0, \quad \sum_{i=1}^{n+1} \lambda_{j_i} = 1 .$$

(42) besagt aber, dass die entsprechenden Subgradienten von f eine konvexe Nullkombination bilden. Intuitiv ist es klar, dass, falls diese Eckpunkte zusätzlich einen Simplex aus $\bar{T}_U$ mit kleinem Durchmesser aufspannen, auch die ursprüngliche Funktion f einen Nullsubgradienten in der Nähe des Simplex besitzt. In diesem Falle könnte der Punkt

(43) $$x^* = \sum_{i=1}^{p} \lambda_{j_i} v^{j_i}$$

eine gute Approximation sein.

Hier sei nun bemerkt, dass der Algorithmus von Merrill genau dann abbricht, falls eine zulässige Basislösung von (41) gefunden wurde, deren entsprechende Eckpunkte ein n-Simplex aus $\bar{T}_U$ aufspannen.

Genügt also die Funktion f den Voraussetzungen (34), so ist die Konsistenz der dualen Aufgabe garantiert. Der Optimalwert der dualen Aufgabe ist endlich, da beispielsweise f(0) eine obere Schranke bildet. Damit ist aber auch die primale Aufgabe (38) endlich.

Aus der Konvexität von $\hat{f}, f$ und der Dualitätstheorie folgt nun für einen Fixpunkt x* von F'

(44) $$\begin{aligned} f(x^*) &\geq \min_{x \in R^n} f(x) \geq \min_{x \in R^n} \hat{f}(x) \\ &= \max_{\lambda \in \Lambda} \left\{ \sum \lambda_i [f(v^i) - v^{i*} \cdot v^i] \right\} \\ &\geq \sum_{i=1}^{n+1} \lambda_{j_i} [f(v^{j_i}) - v^{j_{i*}} \cdot v^{j_i}] \\ &\geq f(x^*) - \sum \lambda_{j_i} (v^{j_{i*}} \cdot v^{j_i}) , \end{aligned}$$

wobei $x^* = \sum_{j=1}^{n+1} \lambda_{j_i} v^{j_i}$, $x^* \in s = \text{conv}(v^{j_1}, \dots, v^{j_n}) \in \bar{T}_1$ und Λ die Menge der in (41) zulässigen Lösungen bezeichnet.

Da $\sum_{i=1}^{n+1} \lambda_{j_i} v^{j_{i*}} = 0$ ist ($\lambda = (\lambda_{j_1}, \dots, \lambda_{j_{n+1}})$ ist eine dual zulässige Basislösung), folgt für alle $x \in R^n$

$$- \sum_{i=1}^{n+1} \lambda_{j_i} (v^{j_{i*}} \cdot v^{j_i}) = \sum_{i=1}^{n+1} \lambda_{j_i} (v^{j_{i*}} \cdot (x - v^{j_i}))$$

und daher für $x \in s$

$$\sum_{i=1}^{n+1} \lambda_{j_i} (v^{j_{i*}} \cdot v^{j_i}) \leq \max_{i=1,\dots,p} \{ \| v^{j_{i*}} \| \} \cdot \delta , \tag{46}$$

wobei δ die Feinheit der Triangulation $\overline{T}_1$ bezeichnet.

(44) und (46) ergeben nun die folgende Schranke für x^*:

$$f(x^*) \geq \min_{x \in R^n} f(x) \geq f(x^*) - \max_{i=1,\dots,p} \{ \| v^{j_{i*}} \| \} \cdot \delta$$

Damit ist der folgende Satz bewiesen:

Satz II. 5. 6

Es genüge f den Bedingungen (34) und $x^* \in \mathrm{conv}(v^1, \dots, v^{n+1})$ sei ein Fixpunkt der linearen Approximation von $F(x) = x - \partial f(x)$. Dann gilt für alle $z \in R^n$

$$\begin{aligned} f(z) &\geq \sum_{i=1}^{n+1} \lambda_i f(v^i) + \sum_{i=1}^{n+1} \lambda_i \, v^{i*} \cdot (x^* - v^i) \\ &\geq f(x^*) - \max_{i=1,\dots,n+1} \{ \| v^{i*} \| \} \cdot \delta , \end{aligned} \tag{47}$$

wobei $v^{i*} \in \partial f(v^i)$, $i = 1, \dots, n+1$, $x^* = \sum_{i=1}^{n+1} \lambda_i v^i$ und δ die Feinheit der Triangulation bezeichnen.

Der vorangehende Satz II. 5. 6 kann auch ohne den Umweg über lineare Programme bewiesen werden (siehe Merrill (1972)). In der hier präsentierten Form ist es möglich, die Fixpunkte der stückweise linearen Funktion F' in Bezug auf die umhüllende Funktion $\hat{f}$ von f zu charakterisieren: Jedem Fixpunkt von F' kann eine untere Schranke von $\hat{f}$ zugeordnet werden, welche eine Schranke für f ergibt.

Es bleibt noch zu zeigen, dass die Norm der Subgradienten beschränkt ist, damit (47) eine nichttriviale Schranke ist.

Wie bereits erwähnt, verlässt der Algorithmus das kompakte Gebiet $U \times [0,1]$ nicht. Nun ist aber $\partial f(U) := \bigcup_{x \in U} \partial f(x)$ kompakt, da U kompakt ist, und daher existiert

$$L := \max \{\|y\| \mid y \in \partial f(U)\}$$

und ist endlich.

Aus (47) erhält man demnach die folgende Schranke

$$(48) \qquad f(z) \geq f(x^*) - \delta L \quad \text{für alle } z \in R^n .$$

Zur numerischen Berechnung wird man allerdings die in (47) beschriebene Schranke vorziehen, da diese schärfer als (48) und leichter zur Hand ist. Ohne Beweis sei hier erwähnt, dass der Algorithmus nach einer endlichen Anzahl Verfeinerungen eine exakte Optimallösung findet, falls die Menge der Minima von f ein nichtleeres Inneres besitzt.

Die Aufgabe (33) ist ein Spezialfall der Minimierung einer konvexen Funktion über einem konvexen Gebiet, welche nun untersucht werden soll:

$$(49) \qquad \begin{array}{l} \text{minimiere } f(x) \\ \text{unter den Nebenbedingungen } g_i(x) \leq 0, \quad i = 1, \ldots, m, \end{array}$$

wobei f und g_i, $i = 1, \ldots, m$, abgeschlossene konvexe Funktionen mit $\operatorname{dom}(f) = \operatorname{dom}(g_i) = R^n$ sind.

Definiert man die Funktion $h\colon R^n \to R^1$ durch

$$h(x) := \max_{i=1,\ldots,m} \{g_i(x)\},$$

so ist h ebenfalls konvex und abgeschlossen.

Die Aufgabe (49) kann daher immer auf die Form

$$(50) \qquad \begin{array}{l} \min f(x) \\ h(x) \leq 0 \end{array}$$

gebracht werden.

Im weiteren sei $\operatorname{lev}_h(\alpha)$ für irgend ein α als nichtleer und beschränkt vorausgesetzt.

Besitzt die Aufgabe (50) einen zulässigen inneren Punkt $x^0 \in R^n$ mit $h(x^0) < 0$, dann lässt sich die Aufgabe (50) mit Hilfe eines exakten Straffunktionen-Verfahrens in eine Aufgabe ohne Restriktionen überführen.

Betrachte die Straffunktion τ: $R^1 \to R^1$ definiert durch

(51) $$\tau(u) = \begin{cases} u & u \geq 0 \\ 0 & u < 0 \end{cases}$$

Für $M > 0$ sei die Funktion q: $R^n \to R^1$ definiert durch

$$q(x) = f(x) + M\tau(h(x)) .$$

Unter den gemachten Voraussetzungen erfüllt q die Bedingungen (34) für alle $M > 0$, denn

(i) dom (q) = R^n,

(ii) q ist konvex und abgeschlossen, und

(iii) die Menge der Minima ist kompakt.

Der Fixpunktalgorithmus kann daher zur Lösung der Aufgabe

(52) $$\min_{x \in R^n} q(x)$$

verwendet werden.

Lemma II. 5. 7

Falls die Aufgabe (50) einen zulässigen inneren Punkt x^0 besitzt, so existiert ein genügend grosses M derart, dass die Menge der Minima von q mit der Menge der Optimallösungen von (50) identisch sind, und es gilt

$$\min_{x \in R^n} q(x) = \min_{h(x) \leq 0} f(x)$$

Beweis

Die Menge der Minima von q ist enthalten in der kompakten Menge $U = \{x \in R^n \mid q(x) \leq f(x^0)\}$. Da U kompakt ist folgt auch, dass die Menge $\Gamma := U \cap \{x \in R^n \mid h(x) \geq 0\}$ kompakt ist.

Daher existieren

$$a := \max_{x \in \partial f(\Gamma)} \{\|x\|\}$$

$$b := \min_{x \in \partial h(\Gamma)} \{\|x\|\}$$

und $b > 0$, da $0 \notin \partial h(x)$ für alle x mit $h(x) \geq 0$.

Wähle $M > a/b$ und sei x^* eine Minimallösung von (52) mit $h(x^*) > 0$. Dann gilt

$$0 = y + Mz \quad \text{für } y \in \partial f(x^*),\ z \in \partial h(x^*)$$

und daher

$$\|y\| = M\|z\|, \quad \text{d.h.} \quad M = \frac{\|y\|}{\|z\|} \leq a/b < M,$$

was einen Widerspruch darstellt. Δ

Die Formulierung einer exakten Straffunktion erfordert die Existenz eines inneren Punktes. Es gibt oft Optimierungsprobleme, bei welchen die Existenz einer solchen Lösung nicht evident ist. Für diese Probleme lässt sich (50) direkt als Fixpunktaufgabe formulieren.

Es sei $F: R^n \to \Gamma_n$ definiert durch

$$(53) \qquad F(x) = \begin{cases} x - \partial f(x) & \text{, falls } h(x) < 0 \\ x - \text{conv}\{\partial f(x) \cup \partial h(x)\} & \text{, falls } h(x) = 0 \\ x - \partial h(x) & \text{, falls } h(x) > 0 \end{cases}$$

Es ist leicht zu zeigen, dass F eine nichtleere, konvexe obenhalbstetige Korrespondenz ist.

Satz II. 5. 8

Ist $\text{lev}_h(\alpha)$ für irgend ein α nichtleer und beschränkt, so konvergiert der Fixpunktalgorithmus nach einem Fixpunkt von F.

Beweis

Ist $\text{lev}_h(0) = \emptyset$, so ist der Satz identisch mit Satz II. 5. 4.

Falls $\text{lev}_h(0) \neq \emptyset$ ist, so ist $\text{lev}_h(0)$ eine kompakte Menge. Ausserhalb dieser besitzt F wiederum die Form $x - \partial h(x)$, und Satz II. 5. 4 garantiert daher die Konvergenz. Δ

Satz II. 5. 9

Unter den Voraussetzungen von Satz II. 5. 8 gilt für die in (53) definierte Korrespondenz F:

(a) Falls $\text{lev}_h(0) = \emptyset$, so kann dies in einer endlichen Anzahl Schritten erkannt werden.

(b) Falls $\text{lev}_h(0) \neq \emptyset$, so ist jeder Fixpunkt von F zulässig.

(c) Falls ein x^0 existiert mit $h(x^0) < 0$, dann ist jeder Fixpunkt von F eine Optimallösung zu (47) und umgekehrt.

Beweis

(a) Folgt direkt aus Satz II. 5. 6.

(b) Sei $x \in F(x)$ und $h(x) > 0$. Dann folgt aus (53) $0 \in \partial h(x)$ und daher $h(x) > 0$ für alle $x \in R^n$, was der Voraussetzung widerspricht.

(c) Aus (b) folgt, dass für jeden Fixpunkt x^* von F gilt $h(x^*) \leq 0$.

Ist $h(x^*) < 0$, so impliziert (53) $0 \in \partial f(x^*)$, d. h. x^* ist eine Optimallösung zu (50).

Ist $h(x^*) = 0$, so folgt $0 \in \text{conv}\,\{\partial f(x^*) \cup \partial h(x^*)\}$, d. h. es gibt ein $y_0 \in \partial f(x^*)$, $y_1 \in \partial h(x^*)$ und $0 \leq \lambda \leq 1$ mit

$$0 = \lambda y_0 + (1-\lambda) y_1.$$

Da $h(x_0) < 0$, folgt, dass $\lambda > 0$ sein muss, und daher schliesst man, dass $\lambda^* = (1-\lambda)/_\lambda$ ein Kuhn-Tucker-Vektor ist.

Es sei x^* eine Optimallösung von (50). Dann ist $x^* \in F(x^*)$, denn falls $h(x^*) < 0$, so folgt die Behauptung trivialerweise. Ist $h(x^*) = 0$, so folgt aus den Kuhn-Tucker-Bedingungen, dass $0 \in \text{conv}\,\{\partial f(x^*) \cup \partial h(x^*)\}$ eine notwendige Bedingung ist. Δ

Auch für den Fall der Minimierung mit Restriktionen lassen sich Schranken für die Güte eines Fixpunktes der stückweise linearen Approximation angeben. (Man benützt dazu wiederum die spezielle Struktur eines solchen Fixpunktes zusammen mit der Konvexität.)

Weitere interessante Anwendungen finden sich in Merrill (1972). Das Vorgehen dabei ist immer das gleiche: Aus der Charakterisierung der Optimallösungen mit notwendigen und (eventuell) hinreichenden Bedingungen versucht man, eine Fixpunktformulierung zu finden, welche die Voraussetzungen von Satz II. 4. 5 und II. 4. 4 erfüllt.

Gleichgewichtspunkte nichtkooperativer Spiele

Nash-Gleichgewichtspunkte gewisser n-Personenspiele sind, wie in Kapitel I. 14 gezeigt wurde, Lösungen eines nichtlinearen Komplementaritätsproblems. Für eine allgemeinere Klasse von n-Personenspielen kann die Existenz von Gleichgewichten mit dem Fixpunktsatz von Kakutani bewiesen werden.

Es sei $N = \{1, \dots, n\}$ die Menge der Spieler und $C \subset R^{m_1} \times R^{m_2} \times \dots \times R^{m_n}$ die erlaubte Strategienmenge. Eine Partie kommt zustande, falls jeder Spieler i, $i \in N$, eine Strategie $x^i \in R^{m_i}$ wählt derart, dass der Strategievektor $x := (x^1, x^2, \dots, x^n) \in R^{m_1} \times \dots \times R^{m_n}$ zu C gehört, d. h. $x \in C$ liegt.

Jedem Spieler $i \in N$ ist eine Auszahlungsfunktion p_i: $C \to R^1$ zugeordnet, welche für alle Strategienvektoren $x \in C$ definiert ist.

Zu jedem Spieler $i \in N$ und $x \in C$ betrachte man die Menge der unilateralen Strategienänderungen C_x^i definiert durch

$$C_x^i = \{ u = (x^1, \dots, x^{i-1}, y, x^{i+1}, \dots, x^n) \in R^{m_1} \times \dots \times R^{m_n} | u \in C \}$$

Definition

Der Strategienvektor $\bar{x} \in C$ ist ein Nash-Gleichgewichtspunkt, falls

(54) $$p_i(x) \le p_i(\bar{x}) \quad \text{für alle } i \in N, \ x \in C_{\bar{x}}^i ,$$

d. h., $\bar{x}$ ist ein Gleichgewichtspunkt, falls keine unilaterale Aenderung für irgendeinen Spieler Vorteile bringt.

Bekanntlich besitzen nicht alle Spiele ein Gleichgewicht. Hinreichende Bedingungen für die Existenz eines Gleichgewichtspunktes (54) wurden erstmals von Nash (1950) formuliert. Der nachfolgende Existenzsatz stammt von Rosen (1965).

Satz II. 5. 10

Falls C eine kompakte, konvexe Menge und p_i, $i = 1, \dots, n$, stetige, konkave Auszahlungsfunktionen sind, so besitzt das entsprechende nichtkooperative n-Personenspiel einen Nash-Gleichgewichtspunkt.

Beweis

Zu jedem $i \in N$ definiere man die Korrespondenz $F_i : C \to \Gamma_n$ mit $F_i(C) \subset C$, durch

$$(55) \qquad F_i(x) := \{y \in C_x^i \mid p_i(y) \geq p_i(u) \quad \forall u \in C_x^i\}.$$

Aus der Stetigkeit und Konkavität von p_i folgt, dass F_i eine obenhalbstetige Korrespondenz ist.

Offensichtlich ist dann

$$(56) \qquad F(x) := \frac{1}{n} \sum_{i=1}^{n} F_i(x)$$

ebenfalls eine halbstetige Korrespondenz mit $F: C \to \Gamma_n$ und $F(C) \subset C$. Nach dem Fixpunktsatz von Kakutani (Satz II. 4. 1) besitzt F einen Fixpunkt $\bar{x} \in C$.

Aus $\bar{x} \in F(\bar{x})$ folgt aber (unter Benützung der Konkavität von p_i $(i = 1, \dots, n)$) $\bar{x} \in F_i(\bar{x})$ für alle $i \in N$, und daher aus (55) $p_i(\bar{x}) \geq p_i(y)$ für alle $y \in C_{\bar{x}}^i$, d. h. die Fixpunkte von F sind Nash-Gleichgewichtspunkte. Δ

Rosen bewies den obigen Satz unter der allgemeineren Annahme der Quasi-Konkavität der Auszahlungsfunktionen. Am eben dargestellten Beweis ändert sich dadurch nichts.

Fixpunktsätze spielen auch eine zentrale Rolle im Beweis stabiler Lösungen kooperativer Spiele. In Shapley (1973) ist dazu ein schönes Beispiel beschrieben, welches eng mit den hier präsentierten Methoden zusammenhängt.

II. 6 Komplementarität und Fixpunkte: Abschliessende Bemerkungen

Das Komplementaritätsproblem $[f \mid R_+^n]$ besitzt eine einfache Formulierung als Fixpunktproblem. Betrachtet man die Abbildung $g\colon R_+^n \to R_+^n$, definiert durch $g_j(x) = \max(x_j - f_j(x), 0)$, $j = 1, \dots, n$, so sieht man, dass die Fixpunkte von g genau den Lösungen von $[f \mid R_+^n]$ entsprechen. Umgekehrt lassen sich die Fixpunkte einer Abbildung $g\colon R_+^n \to R_+^n$ als Lösung des Komplementaritätsproblems $[f \mid R_+^n]$, wobei $f(x) = x - g(x)$ ist, charakterisieren.

Der Anwendungsbereich dieser Algorithmen ist dementsprechend gross (Gould und Tolle (1974)). Immer wird man versuchen, durch eine möglichst einfache Wahl der Markierungsvorschrift die Algorithmen numerisch effizient zu gestalten.

Abschliessend seien noch einige weitere Forschungsgebiete erwähnt. Im theoretischen Bereich findet man vor allen Untersuchungen über konstruktive Beweise allgemeinerer Fixpunktsätze (J. Freidenfels (1974), H. Kuhn (1974)). Allgower und Jeppson (1972) verwendeten einen Fixpunktalgorithmus zur Lösung von Randwertaufgaben,und andere Autoren (Gould, Tolle (1975), B. C. Eaves (1974)) untersuchten die Verwendung ähnlicher Algorithmen zur Lösung gewisser nichtlinearer Gleichungssysteme. Wie bereits erwähnt, ist die Untersuchung über die numerische Effizienz Gegenstand verschiedener Forschungsarbeiten (R. Saigal (1974), Fisher et al. (1974)).

Wie stark sich diese Algorithmen in der praktischen Anwendung bewähren werden, wird die Zukunft zeigen - die bis jetzt bekannten numerischen Resultate jedenfalls sind erfolgversprechend.

Anhang I

Lösung der Degeneriertheit

Die Annahme, dass ein lineares System nichtdegeneriert (Definition siehe I. 2) ist, wird wesentlich zum Konvergenzbeweis des Lemke-Algorithmus benützt. Genau so, wie beim Simplex-Algorithmus die lexikographische Technik (Dantzig (1963), p. 232-235) zur Vermeidung des Zyklierens für degenerierte Probleme benützt werden kann, lässt sich diese Methode auch im Lemke-Verfahren anwenden. Auf eine einfachere Methode soll nachfolgend noch hingewiesen werden.

Vorerst sei jedoch bemerkt, dass degenerierte Probleme in der Praxis kaum auftreten, und es braucht bereits viel mathematisches Geschick, um solche Fälle zu konstruieren. Deshalb müssen bei der praktischen Anwendung dieses Algorithmus keine besonderen Massnahmen getroffen werden.

Die vorangehende Bemerkung wird durch die folgende Beobachtung erhärtet. Es lässt sich zeigen, dass die Wahrscheinlichkeit des Zyklierens für den Lemke-Algorithmus gleich Null ist, falls der künstliche Vektor $d > 0$ mit Hilfe eines Zufallgenerators erzeugt wird. Man bemerkt nämlich, dass für die Konvergenz des Lemke-Verfahrens genau jene Basislösungen nichtdegeneriert sein müssen, deren zugehörige Basis den Kolonnenvektor $(-d)$ enthält. Es ist nun immer möglich, diesen Vektor derart zu wählen, dass die interessierenden Basislösungen nichtdegeneriert sind. Tatsächlich gilt diese Eigenschaft für fast alle $d > 0$, wie in Eaves (1971a) bewiesen wurde.

Anhang II

Einige Definitionen aus der konvexen Analysis (R. T. Rockafellar (1970))

Im folgenden seien die Begriffe der affinen Hülle, konvexen Hülle und Dimension einer Menge definiert. Ebenfalls erklärt ist noch der Begriff der affinen Unabhängigkeit von Vektoren.

Es bezeichne C eine beliebige Teilmenge des R^n.

Definitionen

Die affine Hülle von C, aff (C), besteht aus der Menge aller Punkte y der Form

$$y = \sum_{i=1}^{m} \lambda_i x^i, \quad \sum_{i=1}^{m} \lambda_i = 1 \text{ und } x^i \in C, \quad i = 1, \ldots m.$$

Ist aff (C) = C, so heisst C eine lineare Mannigfaltigkeit.

Die konvexe Hülle von C, conv (C), besteht aus der Menge aller Punkte y der Form

$$y = \sum_{i=1}^{m} \lambda_i x^i, \quad \sum_{i=1}^{m} \lambda_i = 1, \ \lambda_i \geq 0, \ i = 1, \ldots m, \text{ und } x^i \in C, \quad i = 1, \ldots m.$$

Ist conv (C) = C, so ist C eine konvexe Menge.

Die affine Hülle einer Menge ist demnach eine lineare Mannigfaltigkeit. Bekanntlich ist jede lineare Mannigfaltigkeit M zu einem eindeutig bestimmten linearen Unterraum L des R^n parallel. Dieser Unterraum L besitzt die explizite Darstellung

$$L := \{y \in R^n \mid y = x - x^0, \ x \in M\}; \quad x^0 \in M \text{ fest, aber beliebig.}$$

Die Dimension der linearen Mannigfaltigkeit M ist definiert als die Dimension des linearen Unterraumes L.

Definition

Die Dimension einer Menge $C \subset R^n$ ist definiert als die Dimension von aff (C).

Bemerkung: Die Dimension einer konvexen Menge ist die maximale Dimension der verschiedenen in C enthaltenen Simplexe.

Definition

Eine Menge von (m + 1) Vektoren $b^0, b^1, \ldots, b^m$ aus R^n heisst affin unabhängig, falls $\text{aff}(\{b^0, b^1, \ldots, b^m\})$ m-dimensional ist.

Bemerkung: Die Vektoren $b^0, \ldots, b^m$ sind genau dann affin unabhängig, wenn die m Vektoren $b^1 - b^0, b^2 - b^0, \ldots, b^m - b^0$ linear unabhängig sind.

Das relative Innere einer konvexen Menge C, ri (C), ist das Innere, falls C als eine Teilmenge von aff (C) betrachtet wird. D.h.

$$\text{ri}(C) := \{x \in \text{aff}(C) \mid \exists\, \epsilon > 0,\ U(x, \epsilon) \cap \text{aff}(C) \subset C\}$$

Dieses Konzept ist motiviert durch die Tatsache, dass ein Geradensegment oder Dreieck, im R^3 betrachtet, ein natürliches Inneres besitzt, welches offensichtlich nicht ein Inneres im Sinne des ganzen Raumes sein kann.

Literatur

Arrow K. J., Gould F. J., Howe S. M., 1973. A general saddle point result for constrained optimization. Mathematical Programming 5: 225 - 234.

Allgower E. L., Jeppson M., 1972. A search for the fixed points of a continuous mapping. Working paper, Colorado State University, Fort Collins, Co.

Brouwer L. E., 1910. Ueber Abbildung von Mannigfaltigkeiten. Math. Ann. 71: 97 - 115.

Browder F. E., 1960. On continuity of fixed points under deformation of continuous mappings. Summa Brasil Math. 4: 183 - 190.

Chandrasekaran R., 1970. A special case of the complementary pivot problem. Opsearch 7: 263 - 268.

Cottle R. W., 1966. Nonlinear programs with positively bounded Jacobians. SIAM J. Appl. Math. 14: 147 - 157.

———, Dantzig G. B., 1967. Positive (semi-) definite programming. Nonlinear Programming, Ed.: J. Abadie, North-Holland, Amsterdam: 55 - 73.

———, Dantzig G. B., 1968. Complementary pivot theory of mathematical programming. Linear Alg. and its Applications 1: 103 - 125.

———, 1972. Monotone solutions of the parametric linear complementarity problem. Mathematical Programming 3: 238 - 249.

———, 1975. On Minkowski matrices and the linear complementarity problem. Technical Report SOL 75 - 2, Stanford University, Stanford.

Cryer C. W., 1971. The solution of a quadratic programming problem using systematic overrelaxation. SIAM J. Control 9: 385 - 392.

Dantzig G. B., 1963. Linear programming and Extensions. Princeton University Press, Princeton, N. J.

———, Eisenberg E., Cottle R. W., 1961. Symmetric dual nonlinear programs. Report No 30 IER 172 - 35, University of California, Berkeley.

Debreu G., 1970. Economics with a finite set of equilibria. Econometrica 38: 387 - 392.

Eaves B. C., 1971a. The linear complementarity problem. Management Sci. 17: 612 - 634.

———, 1971b. On quadratic programming. Management Sci. 17: 698 - 711.

Eaves B. C., 1971c. On the basic theorem of complementarity. Mathamatical Programming 1: 68 - 75.

———, 1971d. Computing Kakutani fixed points. SIAM J. Appl. Math. 21: 236 - 244.

———, Saigal R., 1972. Homotopies for computation of fixed points. Mathematical Programming 3: 1 - 22.

———, 1974. Solving piecewise linear convex equations. Mathematical Programming Study 1: 96 - 119.

Fiedler M., Ptak V., 1962. On matrices with non-positive off-diagonal elements and positive principal minors. Czechoslovak Math. J. 12.

Fisher M. L., Gould F. J., 1974. A simplicial algorithm for the nonlinear complementarity problem. Mathematical Programming 6: 281 - 300.

———, Gould F. J., Tolle J. W., 1974. A new simplicial approximation algorithm with restarts: Relations between convergence and labeling. Proceedings of the conference on computing fixed points with applications, Clemson University, South Carolina.

———, Tolle J. W., 1975. A general algorithm for solving the nonlinear complementarity problem. Working paper, University of Chicago, Chicago, Ill.

Freidenfels J., 1974. A set intersection theorem and applications. Mathematical Programming 7: 199 - 211.

Garcia C. B., 1973. The complementarity problem and its applications. Ph. D. dissertation, Rensselaer Polytechnic Institute, Troy, N. Y.

———, Lemke C. E., Lüthi H.J., 1973. Simplicial approximation of an equilibrium point for noncooperative n-person games. Mathematical Programming, Eds.: T. C. Hu, S. M. Robinson, Academic Press, N. Y.: 227 - 260.

Gould F. J., Tolle J. W., 1974. A unified approach to complementarity in optimization. Discrete Mathematics 7: 225 - 271.

———, Tolle J. W., 1975. Finite and constructive conditions for a solution to f(x) = 0. Technical Report No 7515, University of Chicago, Chicago, Ill.

Hartmann R., Reiser P., 1974. Ueber den Aufwand zur Lösung quadratischer Optimierungsprobleme mit den Algorithmen von Beale und von Lemke. Zeitschrift für Operations Research 18: B57 - B63.

Kakutani S., 1941. A generalization of Brouwer's fixed point theorem. Duke Math. J. 26: 291 - 303.

Karamardian S., 1969. The nonlinear complementarity problem with applications. Part I, II. J. Optimization Theory and Appl. 4: 87 - 98, 167 - 181.

——————, 1972. The complementarity problem. Mathematical Programming 2: 107 - 122.

Kojima M., 1974. Computational methods for solving the nonlinear complementarity problem. Keio Engineering Reports 27, Keio University, Yokohama, Japan: 1 - 47.

Kuhn H. W., 1960. Some combinatorial lemmas in topology. IBM J. of Research and Development 4: 518 - 524.

———, 1968. Simplicial approximation of fixed points. Proceedings of the Nat. Academy of Sci. USA 61: 1238 - 1242.

———, 1974. A new proof of the fundamental theorem of algebra. Mathematical Programming Study 1: 148 - 158.

Lemke C. E., Howson J. T., 1964. Equilibrium points of bimatrix games. SIAM J. Appl. Math. 12: 413 - 423.

————, 1965. Bimatrix equilibrium points and mathematical programming. Management Sci. 11: 681 - 689.

————, 1970. Recent results on complementarity problems. Nonlinear Programming, Eds.: J. B. Rosen, O. L. Mangasarian, K. Ritter, Academic Press, N. Y.: 349 - 383.

Lüthi H. J., 1973. Ein Algorithmus zur Approximation von Lösungen des nichtlinearen Komplementaritätsproblems. Dissertation No 5183, Eidg. Technische Hochschule Zürich.

———, 1975. A simplicial approximation of a solution for the nonlinear complementarity problem. Mathematical Programming 9: 278 - 293.

Merrill O.H., 1972. Applications and extensions of an algorithm that computes fixed points of certain nonempty upper semi-continuous point to set mappings. Ph.D. dissertation, University of Michigan, Ann Arbor.

Moré J. J., 1974. Classes of functions and feasibility conditions in nonlinear complementarity problems. Mathematical Programming 6: 327 - 338.

Murty K. G., 1972. On the number of solutions to the complementarity problem and spanning properties of complementary cones. Linear Alg. and its Applications 5: 65 - 108.

Nash J. F., 1950. Equilibrium points in n-person games. Proceedings of the Nat. Academy of Sci. USA 36: 48 - 49.

Nikaido H., 1972. Introduction to sets and mappings in modern economics. North-Holland, Amsterdam.

Rao A.K., 1972. On the linear complementarity problem. Ph.D. dissertation, Case Western Reserve University, Cleveland, Ohio.

Ravindran A., 1970. Computational aspects of Lemke's complementary algorithm applied to linear programs. Opsearch 7: 241 - 262.

————, 1973. A comparison of the primal-simplex and complemtary pivot methods for linear programming. Naval Research Logistical Quarterly: 95 - 100.

Rockafellar R.T., 1970. Convex Analysis. Princeton University Press, Princeton, N.J.

Rosen J.B., 1965. Existence and uniqueness of equilibrium points for concave n-person games. Econometrica 33: 520 - 534.

Rosenmüller J., 1971. On a generalization of the Lemke-Howson algorithm to noncooperative n-person games. SIAM J. Appl. Math. 21: 73 - 79.

Saigal R., 1970. On the class of complementarity cones and Lemke's algorithm. Working paper CR-320, Center for Research in Management Science, Univ. of Calif., Berkeley.

————, 1972. A characterization of the parity of the number of solutions to the linear complementarity problem. SIAM J. Appl. Math. 23: 40 - 45.

————, 1974. Investigations into the efficiency of the fixed point algorithms. Working paper, Bell Telephone Laboratories.

Scarf H., 1967. The approximation of fixed points of a continuous mapping. SIAM J. Appl. Math. 15: 1328 - 1343.

————, 1973. The computation of economic equilibria. Cowles Foundation Monograph 24, Yale University Press, New Haven.

————, Hansen T., 1969. On the application of a recent combinatorial algorithm. Cowles Foundation Discussion Paper No 272, Yale University, New Haven.

Shapley L.S., 1973. On balanced games without side payments. Mathematical Programming, Eds.: T.C. Hu. S.M. Robinson, Academic Press, N.Y.: 261 - 290.

Spanier E.H., 1966. Algebraic Topology. McGraw-Hill, N.Y.

Sperner E., 1928. Neuer Beweis für die Invarianz der Dimensionszahlen und des Gebietes. Abh. Math. Sem. Univ. Hamburg 6: 265 - 272.

Stampacchia G., Hartmann P., 1966. On some nonlinear differential-functional equations. Acta Math. 115: 271 - 310.

————, Lions J.L., 1967. Variational Inequalities. Communications on Pure and Applied Math. 20: 493 - 519.

Tamir A., 1973. The complementarity problem of mathematical programming. Ph.D. dissertation, Case Western University, Cleveland, Ohio.

———, 1974. Minimalities and complementarity properties associated with Z-functions and M-functions. Mathematical programming 7: 17 - 31.

Wilson R., 1971. Computing equilibria of n-person games. SIAM J. Appl. Math. 21: 80 - 87.

Vol. 59: J. A. Hanson, Growth in Open Economies. V, 128 pages. 1971.

Vol. 60: H. Hauptmann, Schätz- und Kontrolltheorie in stetigen dynamischen Wirtschaftsmodellen. V, 104 Seiten. 1971.

Vol. 61: K. H. F. Meyer, Wartesysteme mit variabler Bearbeitungsrate. VII, 314 Seiten. 1971.

Vol. 62: W. Krelle u. G. Gabisch unter Mitarbeit von J. Burgermeister, Wachstumstheorie. VII, 223 Seiten. 1972.

Vol. 63: J. Kohlas, Monte Carlo Simulation im Operations Research. VI, 162 Seiten. 1972.

Vol. 64: P. Gessner u. K. Spremann, Optimierung in Funktionenräumen. IV, 120 Seiten. 1972.

Vol. 65: W. Everling, Exercises in Computer Systems Analysis. VIII, 184 pages. 1972.

Vol. 66: F. Bauer, P. Garabedian and D. Korn, Supercritical Wing Sections. V, 211 pages. 1972.

Vol. 67: I. V. Girsanov, Lectures on Mathematical Theory of Extremum Problems. V, 136 pages. 1972.

Vol. 68: J. Loeckx, Computability and Decidability. An Introduction for Students of Computer Science. VI, 76 pages. 1972.

Vol. 69: S. Ashour, Sequencing Theory. V, 133 pages. 1972.

Vol. 70: J. P. Brown, The Economic Effects of Floods. Investigations of a Stochastic Model of Rational Investment. Behavior in the Face of Floods. V, 87 pages. 1972.

Vol. 71: R. Henn und O. Opitz, Konsum- und Produktionstheorie II. V, 134 Seiten. 1972.

Vol. 72: T. P. Bagchi and J. G. C. Templeton, Numerical Methods in Markov Chains and Bulk Queues. XI, 89 pages. 1972.

Vol. 73: H. Kiendl, Suboptimale Regler mit abschnittweise linearer Struktur. VI, 146 Seiten. 1972.

Vol. 74: F. Pokropp, Aggregation von Produktionsfunktionen. VI, 107 Seiten. 1972.

Vol. 75: GI-Gesellschaft für Informatik e.V. Bericht Nr. 3. 1. Fachtagung über Programmiersprachen · München, 9.–11. März 1971. Herausgegeben im Auftrag der Gesellschaft für Informatik von H. Langmaack und M. Paul. VII, 280 Seiten. 1972.

Vol. 76: G. Fandel, Optimale Entscheidung bei mehrfacher Zielsetzung. II, 121 Seiten. 1972.

Vol. 77: A. Auslender, Problèmes de Minimax via l'Analyse Convexe et les Inégalités Variationelles: Théorie et Algorithmes. VII, 132 pages. 1972.

Vol. 78: GI-Gesellschaft für Informatik e.V. 2. Jahrestagung, Karlsruhe, 2.–4. Oktober 1972. Herausgegeben im Auftrag der Gesellschaft für Informatik von P. Deussen. XI, 576 Seiten. 1973.

Vol. 79: A. Berman, Cones, Matrices and Mathematical Programming. V, 96 pages. 1973.

Vol. 80: International Seminar on Trends in Mathematical Modelling, Venice, 13–18 December 1971. Edited by N. Hawkes. VI, 288 pages. 1973.

Vol. 81: Advanced Course on Software Engineering. Edited by F. L. Bauer. XII, 545 pages. 1973.

Vol. 82: R. Saeks, Resolution Space, Operators and Systems. X, 267 pages. 1973.

Vol. 83: NTG/GI-Gesellschaft für Informatik, Nachrichtentechnische Gesellschaft. Fachtagung „Cognitive Verfahren und Systeme", Hamburg, 11.–13. April 1973. Herausgegeben im Auftrag der NTG/GI von Th. Einsele, W. Giloi und H.-H. Nagel. VIII, 373 Seiten. 1973.

Vol. 84: A. V. Balakrishnan, Stochastic Differential Systems I. Filtering and Control. A Function Space Approach. V, 252 pages. 1973.

Vol. 85: T. Page, Economics of Involuntary Transfers: A Unified Approach to Pollution and Congestion Externalities. XI, 159 pages. 1973.

Vol. 86: Symposium on the Theory of Scheduling and its Applications. Edited by S. E. Elmaghraby. VIII, 437 pages. 1973.

Vol. 87: G. F. Newell, Approximate Stochastic Behavior of n-Server Service Systems with Large n. VII, 118 pages. 1973.

Vol. 88: H. Steckhan, Güterströme in Netzen. VII, 134 Seiten. 1973.

Vol. 89: J. P. Wallace and A. Sherret, Estimation of Product. Attributes and Their Importances. V, 94 pages. 1973.

Vol. 90: J.-F. Richard, Posterior and Predictive Densities for Simultaneous Equation Models. VI, 226 pages. 1973.

Vol. 91: Th. Marschak and R. Selten, General Equilibrium with Price-Making Firms. XI, 246 pages. 1974.

Vol. 92: E. Dierker, Topological Methods in Walrasian Economics. IV, 130 pages. 1974.

Vol. 93: 4th IFAC/IFIP International Conference on Digital Computer Applications to Process Control, Part I. Zürich/Switzerland, March 19–22, 1974. Edited by M. Mansour and W. Schaufelberger. XVIII, 544 pages. 1974.

Vol. 94: 4th IFAC/IFIP International Conference on Digital Computer Applications to Process Control, Part II. Zürich/Switzerland, March 19–22, 1974. Edited by M. Mansour and W. Schaufelberger. XVIII, 546 pages. 1974.

Vol. 95: M. Zeleny, Linear Multiobjective Programming. X, 220 pages. 1974.

Vol. 96: O. Moeschlin, Zur Theorie von Neumannscher Wachstumsmodelle. XI, 115 Seiten. 1974.

Vol. 97: G. Schmidt, Über die Stabilität des einfachen Bedienungskanals. VII, 147 Seiten. 1974.

Vol. 98: Mathematical Methods in Queueing Theory. Proceedings 1973. Edited by A. B. Clarke. VII, 374 pages. 1974.

Vol. 99: Production Theory. Edited by W. Eichhorn, R. Henn, O. Opitz, and R. W. Shephard. VIII, 386 pages. 1974.

Vol. 100: B. S. Duran and P. L. Odell, Cluster Analysis. A Survey. VI, 137 pages. 1974.

Vol. 101: W. M. Wonham, Linear Multivariable Control. A Geometric Approach. X, 344 pages. 1974.

Vol. 102: Analyse Convexe et Ses Applications. Comptes Rendus, Janvier 1974. Edited by J.-P. Aubin. IV, 244 pages. 1974.

Vol. 103: D. E. Boyce, A. Farhi, R. Weischedel, Optimal Subset Selection. Multiple Regression, Interdependence and Optimal Network Algorithms. XIII, 187 pages. 1974.

Vol. 104: S. Fujino, A Neo-Keynesian Theory of Inflation and Economic Growth. V, 96 pages. 1974.

Vol. 105: Optimal Control Theory and its Applications. Part I. Proceedings 1973. Edited by B. J. Kirby. VI, 425 pages. 1974.

Vol. 106: Optimal Control Theory and its Applications. Part II. Proceedings 1973. Edited by B. J. Kirby. VI, 403 pages. 1974.

Vol. 107: Control Theory, Numerical Methods and Computer Systems Modeling. International Symposium, Rocquencourt, June 17–21, 1974. Edited by A. Bensoussan and J. L. Lions. VIII, 757 pages. 1975.

Vol. 108: F. Bauer et al., Supercritical Wing Sections II. A Handbook. V, 296 pages. 1975.

Vol. 109: R. von Randow, Introduction to the Theory of Matroids. IX, 102 pages. 1975.

Vol. 110: C. Striebel, Optimal Control of Discrete Time Stochastic Systems. III. 208 pages. 1975.

Vol. 111: Variable Structure Systems with Application to Economics and Biology. Proceedings 1974. Edited by A. Ruberti and R. R. Mohler. VI, 321 pages. 1975.

Vol. 112: J. Wilhlem, Objectives and Multi-Objective Decision Making Under Uncertainty. IV, 111 pages. 1975.

Vol. 113: G. A. Aschinger, Stabilitätsaussagen über Klassen von Matrizen mit verschwindenden Zeilensummen. V, 102 Seiten. 1975.

Vol. 114: G. Uebe, Produktionstheorie. XVII, 301 Seiten. 1976.

Vol. 115: Anderson et al., Foundations of System Theory: Finitary and Infinitary Conditions. VII, 93 pages. 1976

Vol. 116: K. Miyazawa, Input-Output Analysis and the Structure of Income Distribution. IX, 135 pages. 1976.

Vol. 117: Optimization and Operations Research. Proceedings 1975. Edited by W. Oettli and K. Ritter. IV, 316 pages. 1976.

Vol. 118: Traffic Equilibrium Methods, Proceedings 1974. Edited by M. A. Florian. XXIII, 432 pages. 1976.

Vol. 119: Inflation in Small Countries. Proceedings 1974. Edited by H. Frisch. VI, 356 pages. 1976.

Vol. 120: G. Hasenkamp, Specification and Estimation of Multiple-Output Production Functions. VII, 151 pages. 1976.

Vol. 121: J. W. Cohen, On Regenerative Processes in Queueing Theory. IX, 93 pages. 1976.

Vol. 122: M. S. Bazaraa, and C. M. Shetty,Foundations of Optimization VI. 193 pages. 1976

Vol. 123: Multiple Criteria Decision Making. Kyoto 1975. Edited by M. Zeleny. XXVII, 345 pages. 1976.

Vol. 124: M. J. Todd. The Computation of Fixed Points and Applications. VII, 129 pages. 1976.

Vol. 125: Karl C. Mosler. Optimale Transportnetze. Zur Bestimmung ihres kostengünstigsten Standorts bei gegebener Nachfrage. VI, 142 Seiten. 1976.

Vol. 126: Energy, Regional Science and Public Policy. Energy and Environment I. Proceedings 1975. Edited by M. Chatterji and P. Van Rompuy. VIII, 316 pages. 1976.

Vol. 127: Environment, Regional Science and Interregional Modeling. Energy and Environment II. Proceedings 1975. Edited by M. Chatterji and P. Van Rompuy. IX, 211 pages. 1976.

Vol. 128: Integer Programming and Related Areas. A Classified Bibliography. Edited by C. Kastning. XII, 495 pages. 1976.

Vol. 129: H.-J. Lüthi, Komplementaritäts- und Fixpunktalgorithmen in der mathematischen Programmierung. Spieltheorie und Ökonomie. VII, 145 Seiten. 1976.

Ökonometrie und Unternehmensforschung
Econometrics and Operations Research

Vol. I — Nichtlineare Programmierung. Von H. P. Künzi und W. Krelle unter Mitwirkung von W. Oettli. Vergriffen

Vol. II — Lineare Programmierung und Erweiterungen. Von G. B. Dantzig. Ins Deutsche übertragen und bearbeitet von A. Jaeger. – Mit 103 Abbildungen. XVI, 712 Seiten. 1966. Geb.

Vol. III — Stochastic Processes. By M. Girault. – With 35 figures. XII, 126 pages. 1966. Cloth

Vol. IV — Methoden der Unternehmensforschung im Versicherungswesen. Von K. H. Wolff. – Mit 14 Diagrammen. VIII, 266 Seiten. 1966. Geb.

Vol. V — The Theory of Max-Min and its Application to Weapons Allocation Problems. By John M. Danskin. – With 6 figures. X, 126 pages. 1967. Cloth

Vol. VI — Entscheidungskriterien bei Risiko. Von H. Schneeweiss. – Mit 35 Abbildungen. XII, 215 Seiten. 1967. Geb.

Vol. VII — Boolean Methods in Operations Research and Related Areas. By P. L. Hammer (Ivănescu) and S. Rudeanu. With a preface by R. Bellman. – With 25 figures. XVI, 329 pages. 1968. Cloth

Vol. VIII — Strategy for R & D: Studies in the Microeconomics of Development. By Th. Marschak. Th K. Glennan Jr., and R. Summers. – With 44 figures. XIV, 330 pages. 1967. Cloth

Vol. IX — Dynamic Programming of Economic Decisions. By M. J. Beckmann. – With 9 figures XII, 143 pages. 1968. Cloth

Vol. X — Input-Output-Analyse. Von J. Schumann. – Mit 12 Abbildungen. X, 311 Seiten. 1968. Geb.

Vol. XI — Produktionstheorie. Von W. Wittmann. – Mit 54 Abbildungen. VIII, 177 Seiten. 1968. Geb.

Vol. XII — Sensitivitätsanalysen und parametrische Programmierung. Von W. Dinkelbach. – Mit 20 Abbildungen. XI, 190 Seiten. 1969. Geb.

Vol. XIII — Graphentheoretische Methoden und ihre Anwendungen. Von W. Knödel. – Mit 24 Abbildungen. VIII, 111 Seiten. 1969. Geb.

Vol. XIV — Praktische Studien zur Unternehmensforschung. Von E. Nievergelt, O. Müller, F. E. Schlaepfer und W. H. Landis. – Mit 82 Abbildungen. XII, 240 Seiten. 1970. Geb.

Vol. XV — Optimale R … n. IX, 225 Se…

Vol. XVI — Preispolitik … o- rie. Von R. … b.

Vol. XVII — Information … th 42 figures. …

Vol. XVIII — Unternehm… b- bildungen. …

Vol. XIX — Anti-Aquilib… en. 1975. Geb.

Vol. XX — Mathematis… en. (davon 75 S…

Vol. XXI — Stochastic … h.

GPSR Compliance

The European Union's (EU) General Product Safety Regulation (GPSR) is a set of rules that requires consumer products to be safe and our obligations to ensure this.

If you have any concerns about our products, you can contact us on ProductSafety@springernature.com

In case Publisher is established outside the EU, the EU authorized representative is:

Springer Nature Customer Service Center GmbH
Europaplatz 3
69115 Heidelberg, Germany

Batch number: 10683525

Printed by Printforce, the Netherlands